LEÇONS

SUR

LE CONCORDAT

DROIT PUBLIC & DROIT ADMINISTRATIF

*Professées à la Faculté de Droit de Douai (Faculté de l'État)
durant l'année scolaire 1885-86*

PAR HOROY

PROFESSEUR DE COURS LIBRE A LA DITE FACULTÉ,
DOCTEUR EN DROIT FRANÇAIS, EN DROIT CANON,
EN SCIENCES POLITIQUES ET ADMINISTRATIVES, EN THÉOLOGIE,
EN PHILOSOPHIE ET LETTRES,
EN PHILOSOPHIE ET MATHÉMATIQUES, ETC.

— Revues et augmentées. —

1er fascicule, Prix : 3 fr.
L'ouvrage entier (environ 600 p.) sera porté à 8 fr.

PARIS

LIBRAIRIE MARESCQ AÎNÉ
CHEVALIER-MARESCQ et Cie SUCCESSEURS
20, RUE SOUFFLOT, 20

1891

LEÇONS

SUR LE CONCORDAT

IMPRIMERIE GÉNÉRALE DE CHATILLON-SUR-SEINE. — M. PÉPIN.

LEÇONS

SUR

LE CONCORDAT

DROIT PUBLIC & DROIT ADMINISTRATIF

*Professées à la Faculté de Droit de Douai (Faculté de l'État)
durant l'année scolaire 1885-86*

PAR HOROY

PROFESSEUR DE COURS LIBRE A LA DITE FACULTÉ,
DOCTEUR EN DROIT FRANÇAIS, EN DROIT CANON,
EN SCIENCES POLITIQUES ET ADMINISTRATIVES, EN THÉOLOGIE,
EN PHILOSOPHIE ET LETTRES,
EN PHILOSOPHIE ET MATHÉMATIQUES, ETC.

— Revues et augmentées. —

PARIS

LIBRAIRIE MARESCQ AÎNÉ
CHEVALIER-MARESCQ et Cⁱᵉ SUCCESSEURS
20, RUE SOUFFLOT, 20

1891

Le Concordat de François Ier a soulevé dans le clergé, au sein des universités et des parlements, de nombreuses et incessantes réclamations, qui ont persisté jusqu'à la Révolution. C'était ainsi parmi les catholiques que se perpétuait une école dissidente doctrinalement.

Le Concordat signé par le premier Consul, pour remplacer celui de François Ier fut attaqué par une secte, celle de la Petite-Eglise, blâmé par la libre-pensée (ou par les *idéologues*), subi par le schisme constitutionnel, qu'il ruinait.

L'auteur des Leçons a pensé que, sur cet acte, la parole de l'épiscopat, qui a admis, depuis un

siècle, la base du Concordat pour tous ses actes,
devrait avoir une particulière compétence. Il a
adressé la lettre suivante dans tous les évêchés
de France :

Monsieur le Secrétaire Général,

Le Concordat est chaque jour l'objet de discussions et
de controverses ; il est le texte de nombreuses attaques.

Nos évêques, ou plusieurs d'entre eux, en ont très pro-
blablement donné des commentaires et des appréciations,
d'abord, à l'époque où il a été publié, et plus tard, peut-
être, sous la Restauration, la Royauté de 1830, le second
empire. Les Articles Organiques de germinal an X ont pu
également attirer leur attention et provoquer leur solli-
citude. Mais les actes épiscopaux sur ces points sont aujourd'hui inconnus.

J'ai l'honneur de m'adresser à votre spéciale bienveillance pour vous demander si vous voudriez bien, en re-
courant aux Archives qui vous sont confiées, 1° me transmettre les dates précises des Mandements et Lettres pas-
torales concernant le Concordat et les Articles organiques,
avec le nom de l'évêque qui les a signés, 2° m'indiquer,

si ce n'est un travail trop long, les idées principales developpées et, au besoin, citer quelque fragment plus digne de remarque...

Veuillez agréer, etc.

HOROY,

Dr en Théologie,
Dr en droit canon, Dr en Philosophie et Lettres,
Dr en droit français, etc.

Les évéchés de Blois, du Mans, de Troyes ne possèdent aucun document, nous écrit-on. Quelques autres seront sans doute dans le même cas.

INTRODUCTION

1. Le Concordat français de 1801, signé par le premier Consul et le pape Pie VII, est devenu en fait, dans l'esprit de plusieurs, l'obstacle le plus puissant, ou le seul, à la séparation de l'Eglise et de l'Etat.

Il représente et précise dans son texte cet obstacle. C'est, dans le présent, toute sa portée et sa signification.

Mais, s'il est une entrave pour le pouvoir civil, qui n'en doit souffrir d'aucune sorte, il faut, suivant les uns, l'enlever et le faire disparaître.

Suivant les autres, et pour le même motif, il importe de le maintenir. Cette entrave est utile.

En principe, disent ces derniers,

1° Au point de vue religieux, il n'y a pas d'affranchissement de la conscience, si le pouvoir civil ne peut souffrir d'entrave au nom de l'âme humaine et de ses relations avec Dieu ;

2° Au point de vue politique pur, l'exemption de toute entrave, c'est le despotisme intolérable.

Les adversaires du *Concordat, considéré comme obstacle,* deviennent suspects s'ils patronnent, sciemment ou insciemment, un *césarisme d'Etat* qui leur est vivement reproché.

Ils se défendent, en déclarant suspect le libéralisme politique et religieux qui ne doit profiter qu'à l'Eglise, *et se résout en une restriction manifeste du domaine civil.*

Est-ce une nécessité du domaine civil qu'il soit illimité ?

Est-ce, au contraire, une aberration moderne, rappelant les aberrations antiques des sociétés païennes, si l'on prétend pour lui à une telle extension ?

La dispute est ouverte. Le débat n'est pas clos [1].

1. « Au premier rang de ces questions ardues, dit M. d'Haussonville, qui s'imposent de nouveau quand on les croit résolues, ne faut-il pas ranger les relations du pouvoir civil avec l'autorité catholique dont le siège est à Rome ? Entre ces deux puissances, point de suprématie consentie, ni de subordination acceptable de l'une à l'égard de l'autre ; nulle limite non plus tout à fait nette et précise. Elles peuvent, si cela leur convient, et bien que l'œuvre soit délicate, se reconnaître réciproquement un certain champ d'action distincte, terrain propre à chacune d'elles où l'autre s'engagera de bonne grâce à ne point pénétrer. Mais autrement vaste restera toujours le domaine contestable et forcément contesté où, de toute nécessité, il leur faudra se rencontrer. Ce terrain, ce n'est rien moins que l'homme lui-même aux actes duquel, quoique à des titres divers, toutes deux revendiquent également le droit de commander... Pour parer au conflit, il n'y a encore que deux solutions connues, et l'on peut douter que l'on en découvre une troisième. La première est radicale, c'est la séparation absolue des deux pouvoirs. La seconde consiste à ménager entre les parties un traité qui les lie par de mutuelles concessions: c'est le

2. Des questions préjudicielles, il n'en est pas fait mention. En existe-t-il ?

En voici deux, pour le moins.

a.) Est-il vrai que le Concordat est l'obstacle ou l'entrave, et, de plus, la *seule* entrave et le *seul* obstacle, tant de droit que de fait ? C'est ce qui n'est pas démontré. L'Autriche a rejeté son concordat et ne sépare pas l'Eglise de l'Etat.

b.) De même, — avant de rechercher où se trouve l'obstacle, — il n'est pas établi invinciblement qu'il faille séparer, à l'époque présente, en France, l'Eglise de l'Etat. Ce n'est pas un *a priori* pour lequel on soit dispensé de tout examen devant précéder la qualification du concordat comme obstacle.

Ce sont donc là, assurément, des questions préjudicielles. Sont-ce les seules ? Non, sans doute.

3. On a prétendu, en effet, et même avec quelque apparence de rigueur logique dans le raisonnement, qu'*il ne serait pas* POSSIBLE *de séparer l'Eglise de l'Etat*, puisque les sujets de l'Eglise sont les sujets de l'Etat. Ceci demande réflexion :

L'Eglise n'est pas une puissance territoriale, mais elle a territoire *partout*. De quelque façon qu'on l'envisage, la séparation ne saurait donc être géographique, matérielle, tangible. Les Pyrénées, le Rhin et autres limites naturelles n'existent pas pour l'Eglise.

En tout cas, supprimer le Concordat, ce ne serait pas avoir séparé l'Eglise de l'Etat ; mais ce serait *faire disparaître les poteaux indicateurs des limites conventionnelles*,

système des *Concordats.* » (*Eglise romaine, négociations du Concordat*, etc., dans *Rev. des deux Mondes*, 15 sept. 1866.)

soit morales, soit juridiques, *nettement précisées*, dans lesquelles se meuvent l'Etat et l'Eglise. Rien de plus, ou au delà, ne serait opéré.

Les Etats qui n'ont pas de Concordat, c'est-à-dire des limites conventionnelles arrêtées d'un commun accord, doivent substituer à *l'entente contractuelle, définie dans un texte non variable,* une entente *sur des cas* sans cesse renaissants.

Les Etats sans concordat sont des Etats qui remplacent un traité général par des conventions de détails, au jour le jour, par une *entente concordataire* non écrite.

4. Ni la Belgique, ni l'Angleterre, ni la Prusse, ni la Russie, à raison de leurs sujets catholiques, ne peuvent échapper à ces conventions de détails, écrites ou non écrites, *mais quotidiennes*, qui sont la menue monnaie d'un Concordat.

C'est ce que reconnaît et exprime nettement Minghetti, (Voy. *L'Etat et l'Eglise*, trad. de l'italien, Paris 1882, p. 164): « Les relations qui existent aujourd'hui, dit-il,
» dans la majeure partie de l'Europe, entre l'Etat et l'E-
» glise, nécessitent toujours un certain accord, même
» sans Concordat, puisque l'Etat, dans le système réga-
» lien, non seulement contient et surveille l'Eglise, mais
» lui prête son appui et, *dans beaucoup de choses*, mar-
» che de conserve avec elle.

« *Il en est ainsi, par exemple, en Allemagne, malgré*
» *toutes les lois confessionnelles*, ou plutôt en vertu même
» *de ces lois. Dans leur esprit, elles consacrent un accord*
» *entre les deux pouvoirs.* »

5. Cet accord est *tacite*, voilà tout. C'est pourquoi il est moins remarqué [1].

Car, s'il n'y a nulle réglementation concordataire, *au moins imparfaite*, l'aumônier libre envahit ou tente d'envahir l'armée ; il en rêve la conquête au profit du pouvoir qu'il représente, et qui n'est *lié dans son action, ni contractuellement, ni d'une manière virtuelle*. Les congréganistes s'emparent de l'école dite laïque, ils s'emparent des hôpitaux laïcisés, ou, pour le moins tentent de s'y implanter et de s'y maintenir, par cette raison bien simple *qu'il n'y a plus de congréganistes légalement*.

La laïcisation elle-même, cette grande nouveauté, née lorsque va poindre le vingtième siècle, a perdu tout sens légal. La laïcisation est un non-sens juridique puisque, juridiquement, l'Etat ignore s'il y a des congréganistes.

C'est ainsi que des lois confessionnelles dites *persécutrices* peuvent être une affirmation de la *vie concordataire* au sein d'une nation, alors même que l'instrument concordataire, le pacte synallagmatique, négocié diplomatiquement et signé en la forme des traités, n'existerait pas.

---

1. D'Haussonville, *loc. cit.* : « La séparation des deux pouvoirs n'est guère actuellement en vigueur que dans la république des Etats-Unis ; on essaie de la pratiquer, à des degrés divers, en Angleterre, en Hollande et en Suisse. La Belgique incline visiblement vers cet état de choses, avec certaines restrictions trop nombreuses pour les énumérer ici. En droit, et pour la forme, la puissance civile semble vouloir ignorer l'existence de l'autorité spirituelle. En réalité, c'est une feinte. *Elles se connaissent parfaitement ; elles communiquent même l'une avec l'autre d'une façon plus ou moins fréquente, plus ou moins ostensible, en tout cas très efficace...* Ainsi donc, même dans cet ordre d'idées, les rapports de l'Eglise et de l'Etat ne sont pas, à vrai dire, intégralement supprimés. *En théorie, on les nie ; en fait, on les laisse subsister. Ils ne sont que diminués en nombre et en importance.* »

1° La nature des relations qui existent aujourd'hui « dans la majeure partie des Etats de l'Europe, » et d'où se conclut *la vie concordataire*, n'est pas l'œuvre de l'Eglise seule ; 2° Elle s'impose comme fait subsistant.

6. Donc, sans plus longs raisonnements, l'instrument concordataire, le pacte écrit et signé, qui se tient à l'aise dans une page ou deux de texte et un nombre excessivement restreint d'articles convenus entre les deux pouvoirs, civil et ecclésiastique, ne sera jamais, dans l'état actuel des relations civiles-ecclésiastiques de la majeure partie des Etats de l'Europe, le seul obstacle, ni tout l'obstacle à la séparation de l'Eglise et de l'Etat. — a) *en supposant provisoirement que cette séparation soit possible juridiquement*, et qu'elle soit *utile politiquement*, b) en supposant provisoirement que la suppression de l'entrave établie au nom de l'âme humaine et de la conscience, *la suppression de l'élément spirituel dans le gouvernement du monde et la direction des sociétés*, n'ait pas pour aboutissement fatal, avec le triomphe du matérialisme, à courte échéance, le triomphe du despotisme.

7. Le concordat touche ainsi aux problèmes les plus élevés. C'est de haut qu'il faut juger le concordat de 1801 [1]. Il n'a, il est vrai, que dix-sept articles, dont l'un prescrit la prière pour les consuls, les « dévots fils » de la sainte Eglise, comme chacun sait.

---

1. Cf. d'Haussonville : « A considérer les choses terre à terre, le concordat est un contrat avec balance des profits et pertes : le meilleur est celui où les deux parties en abandonnant *les privilèges* qui leur importent le moins, se procurent les bénéfices auxquels elles croient devoir attacher le plus de prix. »

Le concordat de François Ier n'avait pas stipulé une semblable disposition ; il se trouve complété par l'art. 8 du concordat nouveau que voici :

« La formule de prière suivante sera récitée à la fin de l'office divin dans toute les églises catholiques de France : *Domine salvam fac rempublicam ; Domine salvos fac consules.* »

Mais, ces dix-sept articles dominent tout un siècle de catholicisme rétabli, tout un siècle agité et convulsé politiquement, tout un siècle puissant par la recherche philosophique, fécond par les œuvres de l'esprit et la littérature, merveilleux par l'industrie et les découvertes, capable d'une activité pour la production et le commerce qui semble voisine de l'excès, assez confiant dans les progrès de la raison pour renouveler le droit public et privé. Grand siècle juridique, dans lequel se produit le phénomène du Japon acceptant nos codes ou se les assimilant. Grand siècle de relations entre les peuples, dans lequel la Chine, longtemps fermée et longtemps immobile dans ses limites propres, est ouverte et envoie au dehors ses émigrants, en tel nombre que l'Australie s'en inquiète et que les Etats-Unis d'Amérique s'en alarment.

Si les dix-sept articles du concordat de 1801 n'étaient qu'un traité ordinaire portant la date, déjà vieillie, des consuls et obligeant le prêtre catholique à les recommander au prône, ou à les nommer à la fin de l'office divin, d'où vient que ce siècle qui enfante tant de faits et met au jour tant de doctrines, s'en préoccupe comme d'une question de premier ordre, soit pour maintenir, soit pour abolir ?

8. Les traités internationaux qui favorisent tantôt le

système de la protection, tantôt le système libre-échangiste, sont au nombre de ceux qui ont coutume de soulever périodiquement dans le pays les plus vifs débats. *Deux* principes contradictoires sont en présence.

Mais le traité qui s'appelle *concordat* a le privilège de *passionner* d'autant plus les esprits que les opinions sont plus nombreuses, lorsqu'il s'agit de l'apprécier, et fort divergentes.

Si l'on en croit les apparences, la question du concordat est une question de budget, puisqu'on la voit reparaître toujours à l'occasion du vote de la loi de finances, ainsi qu'on peut le constater en lisant l'*Officiel*.

Et cette question de finances serait, en outre, la plus importante, puisque le maintien ou le rejet d'un crédit au chapitre des cultes, fût-il minime, devient une victoire pour qui l'obtient ; puisque les crédits supprimés sont rétablis, les crédits rétablis sont contestés et modifiés, et que l'entente n'est qu'une transaction faite de guerre lasse, parce qu'il faut en finir.

Cependant, *en réalité*, et aux yeux de tous, ce n'est pas une question de budget.

Si c'était une question de budget, ce serait uniquement en ce sens que plusieurs ont entrepris de tirer parti du concordat lui-même et de la loi organique du 18 germinal an X, ou de leurs dispositions budgétaires en très petit nombre, pour tenter de désorganiser les services religieux. Mais, à ce dernier point de vue, M. Goblet [1] expliquait, lors de la discussion du budget de 1884, que, partisan personnellement de la séparation des Églises et

---

1. Plus tard ministre et président du conseil.

de l'État, c'est-à-dire partisan de la suppression du concordat, il voterait le budget des cultes, parce que la suppression du budget des cultes, disait-il, pourrait être une « conséquence » de cette séparation, mais qu'elle n'en peut être un « commencement ».

En d'autres termes, la question du concordat envisagée comme aboutissant à une désorganisation des services religieux pourvus de dotations inscrites au budget, serait un non-sens politique et un illogisme. Et c'est seulement ainsi qu'elle serait une question de budget.

9. Le Rapporteur du Sénat pour le même budget de 1884[1], M. Dauphin, plus tard ministre des finances exposait avec quelque développement la même pensée :

Il est, disait-il, « un principe que le Sénat a toujours maintenu intact et que la Chambre des députés a consacré chaque fois qu'il a été invoqué, à savoir que les lois qui organisent un service public ne peuvent être abrogées ou modifiées que suivant les formes et avec les garanties exigées par la Constitution. Cette abrogation ou cette modification ne saurait être opérée d'une manière détournée, *par voie budgétaire*. A plus forte raison, doit-il en être ainsi pour les lois qui sont le résultat ou la conséquence de traités diplomatiques. La signature de la France ne peut être dégagée que par l'expiration du délai pour lequel ce traité a été signé ou par la dénonciation de ce traité. Que la convention du 26 messidor an IX soit un traité diplomatique, c'est ce qu'il est impossible de nier puisqu'au bas de cet acte se trouvent la signature de la

1. Rappelons que nos *Leçons sur le concordat* portent la date de l'année scolaire 1885-86, et ajoutons que la situation définie en 1884 est restée celle de l'heure présente.

France et celle de la papauté. *Ce traité a eu pour conséquence de faire entrer l'Eglise catholique dans l'organisation politique de notre pays et de créer un service public.*
Les actes d'un caractère législatif intervenus pour l'exécution du Concordat sont les annexes de la convention de messidor an IX et font corps avec elle. Ils constituent, en outre,
pour les Français catholiques, la loi organique du service
public, et le refus de crédit par l'une des deux chambres
seulement *ne peut l'abroger.* Ce principe posé, il n'y a
qu'à l'appliquer... Le concordat ayant fait du service du
culte catholique un service public, le gouvernement se
trouve dans *l'obligation vis-à-vis du pays d'assurer l'existence et le fonctionnement de ce service* ».

La question du concordat, discutée en même temps que
le budget, chaque année, n'est pas, de sa nature, une
question budgétaire. Et, deuxièmement, les règles de la
procédure parlementaire ne permettent pas de l'aborder
utilement à propos du budget !

10. A la Chambre des députés, — toujours en 1884, —
M. Lockroy protestait contre la nécessité où se trouvait
la Chambre « de discuter le budget des cultes avant qu'ait
eu lieu une discussion qui en était la préface naturelle,
nécessaire, obligée, et qui avait été tant de fois solennellement promise sur la séparation des Églises et de
l'État, » lisez : Sur le concordat.

C'était là une mise hors de cause de toute corrélation
du *principe* concordataire avec le budget. Mais un autre
et nouveau côté de la *procédure parlementaire* était envisagé. Le besoin de pourvoir aux services, aussi longtemps qu'ils ont une existence légale, n'était pas nié. Il
s'agissait des rapports constitutionnels entre les pouvoirs.

La mise en demeure adressée au gouvernement, par mo-
tion d'ordre ou d'autre manière, tendante à *l'obliger de
soumettre à la discussion* un sujet quelconque dérive
de la prérogative du député, qui fait partie de la prérogative de la Chambre. Elle a sa sanction dernière dans
le renversement d'un ministre ou d'un ministère.

La question du Concordat, posée sur le terrain des *rapports constitutionnels* entre les deux pouvoirs était donc
une question gouvernementale. Et elle reste telle légitimement.

M. Jules Ferry, président du conseil répondait, en se
disant toujours disposé à discuter à fond, et le plus tôt
possible, une réforme « *un peu académique*, » qui n'avait
guère à ses yeux « de conséquences pratiques, » et qui
ne trouverait pas dans la Chambre « une majorité pour
la réaliser du jour au lendemain. »

Il ajoutait : « Qu'on lui reconnaisse ou non ce caractère académique, *cette discussion est néanmoins l'une des
plus utiles auxquelles on puisse se livrer devant la démocratie française.* »

Le principe des rapports constitutionnels était reconnu.

11. Il se peut en effet, que la démocratie française, devenue aujourd'hui pleinement maîtresse de ses destinées,
avec droit d'user et d'abuser, demeurée catholique, quoi
qu'il en soit, dans la grande majorité de ses membres,
éprouve le besoin de savoir, même au point de vue religieux et catholique, et cherchant l'explication du concordat, comment, et dans quelles conditions elle a été constituée en société civile-religieuse, au commencement du
siècle, par le premier consul et par un pape.

Cette démocratie voudra, peut-être, ne pas ignorer par quelles forces religieuses, ou morales ou civiles combinées, elle a été et elle est encore à l'heure actuelle gouvernée, en tant que société civile-religieuse. C'est-à-dire qu'elle demandera quelles forces ont conservé, ont maintenu, non seulement l'unité nationale, renfermée dans des limites géographiques déterminées, mais l'unité plus haute et plus importante qui se révèle dans la culture et la direction des esprits, dans les aspirations, les tendances, les habitudes, dans tout ce qui constitue la conception de l'existence sociale, telle que nous l'avons reçue de nos pères, pour la transmettre à nos fils et à nos neveux, lesquels seront par là *des Français au même titre que nous, en même temps que nos continuateurs.*

Réveiller l'idée chrétienne et nationale sera peut-être pour nous une seule et même chose ! La démocratie est digne d'entendre ces grands débats...

Nous le voulons bien croire.

Mais nous cherchons où se trouve une connaissance suffisante *du concordat dans ses rapports avec notre vie civile et nationale !*

Il semblerait que le grand acte du concordat ait dû provoquer des études religieuses, philosophiques, politiques, en grand nombre dans le sens que nous indiquons ici, le sens chrétien et national : elles n'existent pas.

La démocratie française, comme parle M. Jules Ferry, les attend, de même que la science théologique, de même que la science du droit, de même que l'histoire.

Nous ne pourrions citer, dans tout un siècle écoulé, soit un livre, soit une chaire professorale dans laquelle le concordat ait été l'objet d'un *enseignement,* fût-il plutôt élémentaire que véritablement approfondi, fût-il borné à quelques aperçus qui le rattacheraient, — nous nous répétons, — *à notre vie nationale, à notre vie civile, à notre histoire.*

Sans nous adresser à la grande démocratie française, mais parlant à des jeunes gens, étudiants du droit et avides de la science sous une forme élevée, nous n'avons pas hésité à frayer la voie encore inexplorée, à traiter dans la chaire, comme dépendance ou appartenance de l'enseignement supérieur du droit, ce sujet important; à le transporter, ensuite et enfin, dans notre présent livre.

Quelque imparfait que puisse être notre travail, nous aurons ébauché l'œuvre.

12. Le temps est-il opportun? L'heure est-elle favorable? Il serait difficile de nier que le concordat, en dehors de la notion des services publics créés par lui et de la conséquence budgétaire de ces services, en dehors de la question de haute politique pouvant intéresser la démocratie française et la guider dans ses investigations du concept social civil-religieux sous ses divers aspects, a été considéré, ou bien est considéré comme un thème singulièrement commode pour *la lutte des partis.*

Et cette lutte des partis est exclusive de l'impartialité.

C'est ainsi que, dans la discussion du même budget de 1884, dont nous ne nous écartons pas, M. Bernard Lavergne s'est efforcé de prouver tout d'abord, par l'exemple de son département, le Tarn, que le clergé ne s'est point *amendé*, qu'il n'a point *désarmé contre la République.* D'où cette conclusion que toutes les attaques portées à la tribune seraient « une issue donnée au senti-

ment de mécontentement causé par la faiblesse du pouvoir qui passe, dans les campagnes, pour se laisser
intimider par le clergé catholique. »

M. Clémenceau prenait occasion de ce discours pour
demander au ministre de s'expliquer sur les moyens que
le gouvernement entend mettre en œuvre pour « assurer
l'exécution des lois, réprimer les actes hostiles du clergé,
et faire cesser les provocations à la rébellion qui partent
de *toutes les chaires*, dans *toutes les églises* de France. »
Il craignait que les ministres ne fussent tous *condamnés
à l'impuissance*.

Le ministre, Garde des sceaux, M. Martin-Feuillée répondait que le gouvernement saura « appliquer aux
membres du clergé les lois, toutes les lois, exactement
comme aux autres citoyens. »

L'issue donnée à un sentiment de mécontentement, s'il
existe, contre une classe d'individus qui ne s'amende-
raient pas et n'auraient pas désarmé devant la république, c'est ce que l'on appelle communément : *représailles
de parti.*

Le Concordat y serait étranger, si ce n'est qu'il a pu
fournir le thème « singulièrement commode. »

Et quant à assurer l'exécution des lois, de toutes les
lois, par tous les citoyens, c'est *un acte gouvernemental
à l'intérieur*, défini en termes fort vagues.

Le sens de l'incident Lavergne-Clémenceau se résume
dans une question. Les partis, *qui font dévier le débat*
avant qu'il soit solennellement ouvert devant le pays,
seront-ils capables, l'heure venue, de ce calme im-
partial que l'on apporterait à une discussion « académique ? »

C'est, pour nous, la simple indication d'une considération *entièrement extrinsèque*, mais non sans valeur.

13. M. Ch. Floquet a essayé pour la même circonstance,
celle du budget de 1884, une charge à fond, politique
et... dogmatique. Il a prétendu que le Concordat de 1801
ne peut plus être appliqué, parce que le Concile de 1870 a
changé la constitution de l'Eglise, que celle-ci a prononcé
sa séparation de l'Etat, et que la fonction de l'évêque
s'est transformée, étant rattachée plus directement à l'infaillibilité du pape.

Ces motifs sont, à peu près, ceux qui furent allégués
en Autriche, en 1870, pour la rupture, par l'Etat seul,
du concordat du 18 août 1855. Nous reconnaissons qu'ils
appartiennent, par leur nature, à cette grande et large
discussion que l'on affirme devoir être l'une des plus
utiles auxquelles on puisse se livrer devant la démocratie
française.

M. Ch. Floquet s'est borné à quelques affirmations.
Nous avons dit qu'il n'a guère tenté qu'un *essai*, mais,
dans ces pages d'où nous bannissons toute polémique,
parce qu'elle est irritante, l'essai a droit d'être pris, toutefois, en spéciale considération, il nous semble.

14. Le raisonnement est d'une grande simplicité. Il est
à la portée de tous les esprits, le voici :

L'infaillibilité pontificale proclamée est une atteinte à
la fonction de l'épiscopat. Une atteinte à la fonction de
l'épiscopat est d'une gravité telle qu'elle devient une atteinte à la constitution de l'Eglise, et a pour résultat un
changement positif dans cette constitution. La fonction de
l'épiscopat, — (c'est ce qu'il faut sous-entendre, mais

c'est un peu plus subtil), — était une partie essentielle de la relation concordataire, une partie importante, la partie la plus importante. Dès lors, il est évident que l'Eglise a prononcé sa séparation d'avec l'Etat. Le concordat a cessé de pouvoir être appliqué.

C'est parfaitement clair et limpide. La grande démocratie française est capable de saisir cela.

15. Il est certain, cependant, que le concile du Vatican n'a pas entendu gratifier le pape d'une prérogative nouvelle, que le chef de l'Eglise n'aurait pas possédée auparavant. Le rôle du concile s'est donc borné à reconnaître, préciser et proclamer.

Les opportunistes du concile ont pu croire que cette reconnaissance, cette précision, cette proclamation ne s'imposaient pas comme une nécessité du temps présent. Ils n'ont jamais pu affirmer, et ils n'ont pas affirmé que reconnaître, préciser et proclamer serait porter atteinte à la constitution de l'Eglise.

1° Le concile n'a défini ni une infaillibilité personnelle, *ni une infaillibilité de gouvernement*, mais l'infaillibilité purement dogmatique dans l'enseignement proposé solennellement par le pape à toute l'Eglise.

2° D'un autre côté, la fonction de l'épiscopat est double : *fonction de gouvernement* et *fonction d'enseignement*.

Or, la fonction de gouvernement est la seule qui soit l'objet de la relation concordataire ou des rapports avec l'Etat. La relation concordataire ne relève donc pas de l'infaillibilité dogmatique, qui se rapporte à l'enseignement, et nullement aux fonctions de gouvernement ; *elle a un objet différent*. Ceci est important !

L'Eglise n'a donc pas prononcé sa séparation d'avec

l'Etat et rendu tout concordat inapplicable, par suite du changement dans sa constitution, puisqu'elle n'a rien changé à ce qui, dans la fonction de l'épiscopat, est l'objet de la relation concordataire.

Dogme et gouvernement sont choses distinctes. Ce n'est *qu'en matière de gouvernement* qu'il existe des concordats.

16. Lorsqu'en Autriche, en 1870, on prenait prétexte du concile du Vatican et de la proclamation de l'infaillibilité pontificale pour la rupture du concordat de 1855, le droit joséphiste, en vigueur depuis Joseph II, venait à peine d'être abrogé légalement. Le concordat apportait un droit nouveau, qui n'était pas affermi.

La tendance du droit joséphiste avait été de considérer l'Eglise comme une branche des institutions civiles, et le domaine de l'Etat comme seul terrain du droit.

En rejetant le concordat, le parlement autrichien revendiquait pour lui-même le droit de régler souverainement les rapports de l'Eglise et de l'Etat. Il déclarait laisser à l'Eglise la liberté de son gouvernement intérieur ; mais il se réservait de définir ce qui appartient au gouvernement intérieur. C'était le joséphisme s'efforçant de regagner le terrain perdu. De tels revirements n'ont rien qui doive nous surprendre ; ils sont dans l'ordre des choses humaines.

L'éclaircissement historique qui en est donné permet d'en apprécier la juste valeur. Le concile du Vatican portait atteinte au joséphisme cherchant à renaître : on s'empressait de le déclarer incompatible avec tout concordat en Autriche.

Poursuivons les éclaircissements :

17. L'imputation d'une séparation accomplie par le concile du Vatican et rendant les concordats inapplicables, à raison de modification opérée dans la constitution de l'Eglise par la transformation indue de la fonction de l'épiscopat est incomplète si l'on s'en tient à l'énoncé de M. Ch. Floquet. Il s'est borné à une reproduction telle quelle des griefs de l'opposition religieuse en Autriche.

Nous avons à élucider ici un point de l'histoire contemporaine :

A la suite de l'annonce officielle de la réunion du concile du Vatican, le cabinet de Munich avait pris l'avis de divers théologiens et proposé aux autres cabinets de s'entendre sur l'attitude à garder dans l'occurrence. La note expédiée par les voies diplomatiques était signée par le prince de Hohenlohe, ministre de Bavière, frère du cardinal du même nom. Il fut répondu, par toutes les puissances, que la proposition semblait, en toute hypothèse, *prématurée.*

En France, M. Baroche, ministre de la justice et des cultes, déclara, dans la séance du corps législatif du 10 avril 1869, que le gouvernement ne s'opposerait pas au départ des évêques, qu'on ne leur imposerait aucun programme, qu'ils partiraient « avec leur dignité personnelle, avec leur indépendance, avec leur conscience, avec leur patriotisme. »

Mais, à la suite de la formation d'une nouvelle chambre et de l'arrivée aux affaires d'un nouveau ministère, M. le comte Daru, ministre des affaires étrangères, adressa à M. le marquis de Banneville, ambassadeur français à Rome, ce que l'on a appelé le *Memorandum* Daru. C'est là qu'il faut chercher le point de départ français des idées présentées par M. Floquet.

18. Le Memorandum Daru venait après la divulgation par la *Gazette d'Augsbourg* du texte du premier projet des canons à discuter et débattre conciliairement à Rome.

Les évêques avaient reçu ce texte sous le sceau du secret. Mgr Dupanloup nous avait fait l'honneur, en ce temps-là, de nous demander une étude sur quelques propositions, qui n'étaient pas le texte lui-même. Il est probable que d'autres prélats avaient agi comme Mgr Dupanloup. Le secret était gardé, mais la *Gazette d'Augsbourg* avait reçu une information exacte, et ce fut un événement. Ce fut l'occasion du Memorandum.

Le Memorandum revendiquait, *au nom du Concordat*, le droit pour le gouvernement de la France de faire connaître au Concile son opinion sur les questions soulevées. Ce document porte la date du 20 février 1870, et il résume en ces deux propositions (servant de base au Memorandum), la doctrine devant être soumise au concile :

1° L'infaillibilité de l'Eglise s'étend non seulement au dépôt de la foi, mais à tout ce qui est nécessaire pour conserver ce dépôt; 2° L'Eglise est une société divine parfaite; son pouvoir s'exerce au for intérieur et au for extérieur, avec une pleine liberté et une entière indépendance de l'autorité civile.

Voilà ce que M. Floquet appelle la séparation accomplie par l'Eglise elle-même, séparation rendant les concordats désormais sans application possible.

Car, les deux propositions amenaient, disait-on, des corollaires, savoir :

a.) L'infaillibilité s'étendant à tout ce qui est réputé

nécessaire à la défense de la vérité, elle devra revendiquer, comme appartenant à son domaine, les faits soit historiques, soit philosophiques, soit scientifiques étrangers à la révélation.

b.) Elle aura pour conséquence la subordination à la suprême autorité de l'Eglise des principes constitutifs de la société civile, des droits et des devoirs des gouvernements, *des droits et des devoirs politiques*, soit électoraux, soit municipaux des citoyens.

c.) Il en sera de même pour tout ce qui a trait à l'ordre judiciaire et législatif, aussi bien dans ses rapports avec les personnes, que dans ses rapports avec les choses.

d.) Il en sera de même des règles de l'administration publique, de celles qui déterminent les droits et les devoirs des corporations, et, en un mot, de tous les droits de l'Etat, y compris les droits de conquête, de paix ou de guerre.

Enfin, le *Memorandum* demandait comment il serait possible que les évêques consentissent à *abdiquer* leur autorité épiscopale et à la *concentrer entre les mains d'un seul*. — Voilà bien la transformation indue de la fonction de l'épiscopat.

Nous connaissons maintenant l'origine et la portée des dires produits dans la discussion du budget [1] de 1884.

---

1. L'art. 1. tit. v de la Constitution de 1791 a établi le principe de l'annualité du budget. Mais, suivant la remarque judicieuse de M. Th. Ducrocq, s'adressant à la Société d'économie politique de Paris, dans sa séance du 6 janv. 1890, il y aura déviation si, en pratique, le vote du budget consiste à remettre en question chaque année, l'ensemble de notre législation administrative, militaire, *ecclésiastique*, coloniale. L'initiative des membres de l'une et l'autre chambre permet des réformes, par lois spéciales,

Le 23 avril 1870, la confédération germanique du Nord, dans laquelle la Prusse prépondérante préludait à la formation de l'empire d'Allemagne, donnait au saint-siège et au concile, par son représentant à Rome, M. d'Arnim, les *mêmes conseils* que la France, au nom des *mêmes intérêts* et des *mêmes périls*.

19. Le cardinal Antonelli répondait, par dépêche gouvernementale du 19 mars 1870, adressée au nonce apostolique résidant à Paris :

Il n'est pas possible de demeurer d'accord avec le *Memorandum* sur la *portée* des canons qui vont faire l'objet des délibérations du concile, ni sur l'*extension* qu'on leur donne.

Car, 1° ces canons n'attribuent ni à l'Eglise, ni au Pontife romain le pouvoir direct et absolu sur tout l'ensemble des droits politiques mentionnés dans le *Memorandum* : les affaires politiques, d'après l'ordre établi de Dieu, et d'après l'enseignement de l'Eglise elle-même, sont du ressort du pouvoir temporel, sans dépendance aucune d'une autre autorité.

2° La subordination du pouvoir civil au pouvoir religieux doit s'entendre dans le sens d'une prééminence de la fin spirituelle de l'Eglise et du principe suprême régulateur de la moralité des actes, c'est-à-dire de la mission sublime que Dieu a confiée à son Eglise, en vue de la félicité des peuples, et sans que l'accomplissement de son ministère entrave la libre et propre action des gouverne-

sur des points appartenant à chacune de ces matières. Mais le budget n'est pas fait pour la réformation législative universelle et permanente.

ments. « De ce principe que l'infaillibilité de l'Eglise em-
» brasse, mais non pas dans le sens indiqué par la dé-
» pêche française, tout ce qui est nécessaire à la conser-
» vation de l'intégrité de la foi, nul préjudice ne dérive ni
» pour la science, ni pour l'histoire, ni pour la politique. »

3° Les évêques n'auront à renoncer en rien à leur autorité épiscopale, lorsque l'infaillibilité du Souverain
Pontife sera définie. Cette prérogative, aussi ancienne
que l'Eglise, « a toujours été exercée, en fait, dans l'E-
glise romaine, sans que l'autorité et les droits conférés
par Dieu aux pasteurs de l'Eglise en aient reçu la moindre
atteinte. »

4° En ce qui concerne le concordat, les rapports de
l'Eglise et de l'Etat sur divers objets de compétence mixte
ont été réglés par ce pacte : les décisions que le Concile
du Vatican viendrait à prendre n'altéreraient point les
stipulations spéciales conclues par le Saint-Siège, tant
avec la France qu'avec d'autres gouvernements.

20. Le *Memorandum* Daru du 20 février 1870, la dépêche gouvernementale signée Antonelli et portant la
date du 19 mars, ont été suivis de la dépêche E. Ollivier
du 12 mai 1870, dans laquelle le ministre disait : « Le
» Souverain Pontife n'a pas cru devoir écouter nos ob-
» servations ; nous n'insistons pas et nous rentrons dans
» notre attitude d'abstention et d'attente. »
Puis, à distance, en 1879, M. Emile Ollivier, depuis
longtemps débarrassé du poids des affaires, publiait son
livre : *L'Eglise et l'Etat au concile du Vatican* (Paris
chez Garnier), dont le tom. Ier, (p. 15 à 30), expose ses
vues personnelles sur la question dont nous nous occupons.
Les premiers conciles œcuméniques, dit-il, ont été

convoqués par les empereurs ; celui de Nicée le fut par Constantin ; le premier de Constantinople par Théodose le Grand ; celui d'Ephèse par Théodose le jeune. A quelques exceptions près, cette pratique a duré pendant tout le temps que les conciles œcuméniques ont été célébrés en Orient, c'est-à-dire jusqu'au huitième Concile général (4ᵉ de Constantinople), tenu en 869-71. Ce fut, à partir du premier Concile de Latran, que les papes prirent l'habitude de les convoquer eux-mêmes, mais non sans avoir préalablement requis et reçu l'assentiment des princes, et surtout sans les inviter dans leur bulle d'indiction à y intervenir personnellement ou à s'y faire représenter par des ambassadeurs.

Lors du Concile de Trente, la bulle de Paul III s'exprimait ainsi : « Nous prions et supplions, par les entrailles » de la miséricorde de Dieu et de N. S. Jésus-Christ, » l'empereur, le roi très chrétien, et avec eux tous les » autres rois, ducs et princes, dont la présence au Con- » cile sera plus salutaire que jamais, de vouloir y interve- » nir en personne, et s'ils étaient empêchés, nous les prions » et supplions d'envoyer au moins des ambassadeurs.. »

Ces ambassadeurs étaient les interprètes du roi, communiquaient aux Pères du Concile ses lettres, ou exposaient ses vœux dans des harangues, d'où leur nom d'orateurs, *oratores*. A la fin des délibérations, on recueillait la signature des ambassadeurs présents, mais séparément de celles des Pères. L'assentiment des souverains à la convocation du Concile, l'invitation à se rendre au concile ou s'y faire représenter, avaient remplacé la convocation directe par les empereurs, subsistant jusqu'au 8ᵉ Concile général [1].

1. L'histoire ecclésiastique signale une trentaine de Conciles

21. Or, la bulle de Pie IX portant convocation du Concile du Vatican ne contenait aucune invitation explicite faite aux princes ; elle employait des termes qui rendaient leur intervention possible, toutefois, en exprimant l'espoir *qu'ils coopéreraient de tout leur pouvoir, comme il sied à des princes catholiques, pour la plus grande gloire de Dieu, à l'avantage de cette assemblée.*

M. Em. Ollivier tire cette conclusion des faits que : convoquer en Concile œcuménique les évêques de toutes les contrées catholiques sans consulter, ni prévenir, ni inviter les princes, *c'était rompre soi-même tous les liens encore conservés entre le pouvoir civil et le pouvoir religieux.* Il ajoute cette remarque que le grand *journaliste ultramontain* (Louis Veuillot) en convint aussitôt.

Il le cite : « La bulle d'indiction du concile œcuméni-

particuliers avant la tenue du Concile général de Nicée. Inutile de dire qu'ils se réunirent sans la convocation des empereurs et sans leur assentiment. Après le Concile de Nicée, le droit de convocation de l'empereur paraît moins formellement reconnu que le dit M. Ollivier. Dans sa grande *Histoire des Romains*, (t. VII, p. 126, Paris Hachette, 1885), M. Duruy rappelle la condamnation de S. Athanase prononcée par le synode de Tyr, en 335, dix ans après Nicée. Le comte Denys y représentait Constantin, et il était porteur d'une lettre de l'empereur contenant ces paroles : « Si » quelqu'un refuse d'obéir, il apprendra par l'exil qu'il n'est per- » mis à personne de résister aux ordres du prince. » Les évêques partisans d'Athanase envoyèrent à tout l'épiscopat une lettre citée dans son *Apologie*, contenant ce qui suit : « En somme, frères » chéris, quelle espèce de Concile était-ce là ?... S'ils avaient voulu » juger en évêques, qu'avaient-ils besoin de comtes, de soldats et » de lettres de convocation signées d'un empereur? » (Cf. de Bro- glie, t. III, p. 31.) Le débat, durant toute la vie d'Athanase, dit M. Duruy, roule sur cette question : L'Eglise sera-t-elle libre ou subordonnée au prince ? Et l'on voit comment était appréciée la lettre de convocation impériale par les évêques.

que n'appelle pas les souverains à siéger dans cette assemblée législative. L'omission est remarquée ! Elle est,
en effet, remarquable. Elle constate implicitement qu'il
n'y a plus de couronnes catholiques, c'est-à-dire que l'ordre sur lequel la société a vécu durant plus de dix siècles a cessé d'exister. Ce qu'on appelle le moyen âge est
terminé. Le 29 juin 1868, promulgation de la bulle
Æterni Patris, est la date de son extrème fin, de son dernier soupir. Une autre ère commence. *L'Eglise et l'Etat*
sont séparés de fait, et tous deux le reconnaissent. L'Etat
est laïque suivant l'expression de M. Guizot, libre suivant
l'expression de M. de Cavour... *C'en est fait;* ce n'est pas
un bien. L'Etat l'a voulu, non l'Eglise. »

La papauté, ajoute M. Ollivier, ne prenait pas l'initiative
de cette rupture commencée par la Révolution ; *mais elle*
la consommait avant l'heure.

M. Em. Ollivier estime, cependant, qu'entre la Révolution et l'Eglise il y a des passions, des malentendus, et
pas de dissentiment fondamental ; que, dans son essence,
la Révolution est *la réalisation sociale et politique* de
l'idée évangélique ; que, dans son enseignement, l'Eglise
n'est pas l'ennemie de la démocratie : elle est une école
de justice, et c'est elle qui a enseigné par la pratique
l'égalité humaine d'où découle la démocratie. Il pense
que l'on n'a pu brouiller ensemble ces deux forces qu'en
demandant à des exagérations individuelles quel est le
mot ou la signification de la Révolution et à d'autres exagérations individuelles quelle est la loi de l'Eglise.

En résumé, il n'y aurait pas de cause nécessaire de la
rupture, et cette rupture ou cette séparation existerait en
fait, depuis qu'un journaliste l'a affirmé.

Ceux qui concluent de là l'inapplicabilité du concordat

sembleraient avoir formulé une conséquence logique,... que le saint-siège n'accepte pas et n'acceptera pas [1].

22. Il nous reste à parler de l'opinion ou de la thèse de M. Jules Roche, dans la discussion du budget de 1884, depuis laquelle rien de nouveau ne s'est produit.

1. Après l'encyclique *Mirari vos* de Grégoire XVI ayant pour but principal la condamnation des exagérations libérales de La Mennais, il a été dit que le saint-siège affirmait sa séparation à l'égard des tendances modernes et condamnait la société moderne. Mêmes affirmations après le *Syllabus* de Pie IX. Il eût été juste de se rappeler que l'autorité doctrinale de l'Eglise, au lieu de formuler d'abord, d'une façon complète et positive, ce qu'il faut tenir pour vrai, commence souvent par indiquer d'une façon purement négative l'erreur qui doit être évitée. Elle s'en tient même assez souvent à ce premier enseignement. Mais elle peut aller au delà, pour dissiper toute équivoque. C'est pourquoi, dans l'encyclique *Immortale Dei* du 1er novembre 1885, Léon XIII a défini la doctrine qui doit régir l'ordre social et politique, en *ces termes* : « *Tout ce qu'il peut y avoir de salutaire au bien général de l'Etat*; tout ce qui concourt à protéger les peuples contre la licence des gouvernements; tout ce qui empêche les empiètements injustes de l'Etat *sur la commune ou la famille*; tout ce qui intéresse l'honneur, la personnalité humaine et *la sauvegarde de l'égalité des droits de chacun*; tout cela, l'Eglise en a toujours revendiqué soit le patronage, soit la protection. »

Puis, dans l'encyclique *Libertas, præstantissimum naturæ bonum,* il dit : « Un grand nombre d'hommes croient que l'Eglise est l'adversaire de la liberté humaine... Cette doctrine de la liberté, nul ne la prêche, ni ne l'affirme avec plus de constance que l'Eglise catholique. Elle l'a de tout temps enseignée et elle la défend comme un dogme... Toujours a éclaté la merveilleuse puissance de l'Eglise pour la protection et le maintien de *la liberté civile et politique des peuples*... L'Eglise ne rejette aucune des *formes de gouvernement*, pourvu qu'elles soient aptes à procurer le bien des citoyens... Conduites et appliquées avec sagesse, elles peuvent *toutes* garantir la prospérité publique... Préférer pour l'Etat une constitution tempérée par l'élément démocratique n'est pas en soi contre le

La nécessité de la séparation de l'Eglise et de l'Etat, qui emporte la mise à néant de tout concordat est représentée par M. Jules Roche comme une *nécessité politique* exigée par « la doctrine supérieure de la République, qui fait de la liberté de conscience le principe essentiel de l'Etat moderne. » Ce n'est plus en fait, c'est en droit que l'on argumente en proclamant la *doctrine supérieure.*

Le deuxième empire, la deuxième république, le gouvernement de juillet, la restauration, à la suite du premier empire, ont admis simultanément le « principe essentiel » de la liberté de conscience, comme appartenant

devoir. Cela même en certains cas peut devenir non seulement un avantage, *mais un devoir pour les citoyens.* . L'Eglise ne reprend pas ceux qui travaillent à *donner aux communes l'avantage de vivre selon leurs propres lois,* et aux citoyens toute facilité pour l'accroissement de leur bien-être. »

Dans l'encyclique *Immortale Dei* : « L'Eglise accueille toujours volontiers et avec joie *tout ce qui contribue à élargir la sphère des sciences.* Comme elle l'a toujours fait pour les autres, elle favorisera et encouragera *celles qui ont pour objet l'étude de la nature.* L'Eglise ne s'oppose *à aucune découverte de l'esprit* ; elle voit sans déplaisir tant de recherches qui ont pour objectif l'agrément et le bien-être. Elle a des encouragements pour *tous les arts et toutes les industries.* »

Dans l'encyclique *Æterni Patris* : « Aussi est-ce une insulte à la vérité chrétienne que d'accuser l'Eglise d'être un obstacle *aux progrès des sciences de la nature, que notre époque tient en si grande estime,* et dont les découvertes excitent l'admiration universelle. »

Il est difficile de croire que l'Eglise et le Saint-Siège ont marqué de la sorte soit leur séparation d'avec la société moderne, l'Etat moderne, la vie communale moderne et les garanties du citoyen dans l'ordre civil, soit la séparation d'avec la science moderne, l'industrie moderne, en sorte qu'il y ait entre l'Eglise et l'Etat une séparation de fait désormais accomplie, s'opposant à l'applicabilité des concordats, — et cela, quoi que M. Veuillot ait pu dire ou M. Em. Ollivier après lui.

à l'Etat moderne, et le fait du concordat. L'histoire n'a pas démontré l'incompatibilité du concordat et de l'Etat moderne.

Mais, la doctrine supérieure de la république est-elle, néanmoins, exclusive du concordat ?

Vers 1825, on discutait, en *France*, sur *les institutions monarchiques.* Les ultra de la Restauration disaient : Il ne suffit pas que la monarchie soit rétablie ; le principe monarchique demande qu'on lui donne pour cortège les institutions essentielles sans lesquelles elle demeure un fait isolé et dépourvu d'influence politique à l'intérieur... Or, ce qui était difficile, c'était la détermination des institutions essentielles. Il se pourrait qu'il en soit de même pour la doctrine supérieure de la République ; elle ne paraît pas opposable *a priori*, et sans détermination de ses limites, ou sans démonstration, au Concordat.

Tel était, du moins, l'avis de M. Martin-Feuillée, ministre de la justice et des cultes, exhortant la chambre à ne pas discuter le budget des cultes (budget de 1884), avec la préoccupation d'une séparation qu'il ne regardait pas comme réclamée par la majorité du pays, et dont les partisans diminuaient en nombre chaque jour.

Il était, à coup sûr, disait-il, impossible de trancher en partie, indirectement, et en quelque sorte subrepticement, par des réductions ou des suppressions de crédits la « grande question de la séparation. » Tant que la France se trouve sous le régime du concordat, le gouvernement a pour devoir d'appliquer ce traité « loyalement, dans sa lettre et dans son esprit. »

23. Si rien n'a été résolu définitivement, ni même véritablement étudié et approfondi dans les débats parle-

mentaires de 1884, assez d'opinions se sont produites pour faire connaitre la situation des esprits relativement à la question agitée. Des points de vue très divers ont été signalés. Les partis ont pris suffisamment position, et rien de neuf ne sera dit sur le concordat envisagé comme fait, comme acte, ou comme convention offrant un inté-rêt pour LES PARTIS.

Nous ne prétendons pas qu'il n'y ait plus rien à dire légalement, juridiquement, historiquement, canoniquement, scientifiquement, doctrinalement, car, nous demeurons absolument persuadé du contraire. Si bien persuadé que le sujet nous semblerait ne pas avoir été effleuré jusqu'ici, ou présenté sous son véritable aspect (Cf. n° 11, ci-dessus, qui renferme tout un programme).

24. Dans la lettre des cardinaux français Guibert, Caverot et Desprez (1884), en réponse à l'encyclique *Nobilissima* de Léon XIII, nous lisons que plusieurs invoquent ce qu'ils appellent la politique concordataire, sans comprendre le concordat :

« Ils se font sur cette convention les idées les plus fausses... Pour raisonner ainsi [qu'ils le font], il faut avoir oublié l'histoire de cette convention célèbre : elle fut accordée, par le Souverain Pontife, aux sages et patriotiques instances d'un gouvernement justement effrayé des désordres où dix années de révolution violente avaient laissé la nation. Suivant une expression que l'on a bien souvent répétée : « Le pouvoir appela la religion au secours de la société en péril; » et c'est le chef de la République française, le premier consul, qui s'adressa au chef de l'Église pour rétablir l'exercice public du culte dans notre pays. » Mais les partisans de la politique dite concordataire, disent les cardinaux Guibert, Caverot et Desprez, n'ont pas « présentes à l'esprit ces origines historiques du Concordat. »

Donc, le concordat de 1801 n'est pas uniquement la convention signée, contenant dix-sept articles, *mais il est aussi l'histoire.* Et cette histoire, c'est celle de la nation tombée dans tous les désordres et les plus grands excès qui, en la personne des dépositaires du pouvoir, réclame l'influence de la religion *par le culte public.*

Les dix-sept articles ne sont pas le concordat : il pouvait y en avoir plus, il pouvait y en avoir moins. La stipulation du culte public, *in se*, n'est pas le concordat. Mais l'influence de l'Eglise catholique sur la société et sur les individus, assurée par le rétablissement du culte public, *c'est l'histoire*, et c'est le concordat.

25. Le concordat n'est pas seulement l'histoire. Il est notre droit ecclésiastique français depuis le commencement du siècle. « Depuis 1801, a dit le D⟨r⟩ Amagat (*Disc. sur le concordat et la question religieuse*, Paris 1882), la France, et il faut s'en réjouir, n'a pas eu à s'occuper de questions confessionnelles, *ni à régler*, comme l'Autriche et l'Allemagne, *des affaires ecclésiastiques.* Les débats mémorables qui occupèrent en 1845 les Chambres de la monarchie, en 1850, l'Assemblée législative de la deuxième République, en 1868 le Sénat impérial (liberté d'enseigner) ne visaient en rien les rapports des églises avec la France laïque. Si notre pays, pendant cette longue période de quatre-vingts ans, n'a pas eu à trancher de conflit ecclésiastique, il le doit d'abord à sa répugnance pour la discussion des choses confessionnelles ; il le doit aussi à la sage institution du concordat, » (p. 4). « Le concor-

dat est *la garantie du pouvoir civil*. Il donne le droit de nommer aux évêchés. Il permet de tenir légalement loin des Sièges épiscopaux les prêtres militants, » (p. 8). « Vous allez briser le concordat. Mais, comme en toute chose, *il faut ici-bas un règlement*, à la place de ce concordat qui a été librement consenti par l'Eglise, nous aurons une loi imposée qui n'aura certainement pas l'autorité du contrat synallagmatique de 1801, » (p. 13).

26. M. Paul Bert, dans son *Rapport* présenté à la Chambre des députés sur diverses propositions relatives au Concordat (*Journal officiel*, 1883, *Documents parlementaires*, p. 1167) remonte avec raison, au delà de 1801 pour trouver dans les concordats la formule du droit ecclésiastique français :

a) Le système de constitution civile du clergé, dit-il, consiste à n'accorder certains avantages au clergé catholique, tels que le traitement, le logement, l'usage des édifices religieux, que s'il consent à accepter diverses conditions *imposées par le pouvoir civil agissant tout seul*. « Ce système mérite à peine d'être compté parmi les rapports réguliers de l'Eglise et de l'Etat. » Car, le chef de la catholicité ayant toujours refusé aux pouvoirs civils le droit de légiférer *seuls* en matière de discipline religieuse, il en résulte que les ecclésiastiques qui se soumettent aux exigences de ces pouvoirs civils peuvent être retranchés du sein de l'Eglise catholique. Si bien que la constitution civile n'est qu'un mode de séparation de l'Eglise et de l'Etat compliqué par un schisme.

Ce raisonnement est excellent.

b) Le système de la séparation de l'Eglise et de l'Etat, qui n'est pas la constitution civile, est caractérisé par ceci :

*que l'Etat n'exerce aucune action sur la discipline et l'ad-
ministration de l'Eglise.* Mais les régimes sous lesquels
vit ou pourrait vivre l'Eglise, ainsi rendue indépendante
du pouvoir civil, sont des plus variés. Chaque nation
résout le problème comme elle peut, et elle supporte les
conséquences des décisions pratiques auxquelles elle s'ar-
rête. L'Amérique, l'Angleterre, la Prusse ont admis des
agissements différents. Quant à la Belgique, elle accorde,
à l'Eglise, de par la constitution de 1830, une somme
annuelle prélevée sur le budget de l'Etat, outre l'usage
d'édifices appartenant à l'Etat ou aux municipalités. Après
quoi l'Eglise jouit de la liberté la plus complète, sans
qu'aucune loi puisse lui être imposée.

c) Le système des concordats, ajoute M. Paul Bert,
est *celui sur lequel vit en France, depuis des siècles, l'E-
glise catholique.* C'est donc bien là le droit ecclésiastique
français *antérieur* et *postérieur.* Il en donne la définition :

« Ici, l'Etat s'immisce plus ou moins dans les questions de discipline religieuse. Il intervient dans la nomination des ministres de la religion, dans l'administration
des biens de l'Eglise et fixe à l'autorité ecclésiastique les
limites où son action doit s'arrêter devant la législation
civile... Mais, à la grande différence des constitutions
civiles, dans tous ces cas complexes, en présence de ces
problèmes si délicats, *il n'agit qu'en vertu d'un accord
préalable avec le chef de la catholicité.* Les fidèles et les
prêtres sont tenus de lui obéir en raison de l'ordre qui
leur en a été donné par l'autorité religieuse signataire du
concordat. Le pape lui-même est lié par le traité qu'il a
consenti librement... Dans ce système, aucune protestation
n'est à craindre de la part des catholiques, lorsque l'Etat
exige l'obéissance complète du traité, puisqu'il n'ordonne

pas *en vertu de son pouvoir laïque,* sans compétence et sans autorité dans ce domaine... » Et, c'est là le système de rapports entre l'Eglise et l'Etat *établi depuis des siècles.*

Qu'a donc fait le concordat de 1801, si l'on admet la théorie de M. Bert? Il a *conservé à la France le régime et le droit ecclésiastique concordataires.* Il a fait succéder à la période royale concordataire la période concordataire post-révolutionnaire, *sans changer le système, c'est-à-dire la base du droit ecclésiastique français existant depuis des siècles.*

27. Sur le droit ecclésiastique français séculaire était greffé dès lors un droit ecclésiastique français qui acceptait la révolution. « Le concordat signé en 1801 par les mandataires de la république française et du pape réduit les avantages jadis concédés à l'Eglise catholique à deux dispositions fondamentales, 1° le libre exercice du culte, 2° un traitement convenable assuré par l'Etat aux évêques et aux curés, outre la remise à la disposition des évêques de toutes les églises non aliénées. En échange, le Saint-Siège interposait son autorité pour faire cesser toutes les réclamations relatives aux biens ecclésiastiques aliénés en conséquence des lois révolutionnaires. Il consacrait la réduction considérable du nombre des diocèses de France. Le pape donnait au chef de l'Etat la nomination directe des évêques et, par voie indirecte, celle des curés. En reconnaissant au premier consul les mêmes droits et prérogatives dont jouissait auprès de lui l'ancien gouvernement, le pape reconnaissait la légitimité du pouvoir issu de la révolution. Bien plus, il enjoignait aux fidèles et aux ecclésiastiques de le reconnaître et de l'honorer, en introduisant dans la liturgie la prière pour le salut de la répu-

blique, et en acceptant pour les évêques et pour les curés le serment de fidélité... Enfin, l'Eglise prenait l'engagement en France « de se conformer aux règlements de police que le gouvernement jugera nécessaires pour la tranquillité publique. »

C'est par cet ensemble de dispositions que le droit concordataire français actuel ou le droit ecclésiastique français actuel date de la révolution, sans cesser d'être le droit ecclésiastique français séculaire [1].

1. Thiers, *Consulat*, t. III, p. 197. La Constituante avait voulu un clergé voué uniquement aux fonctions du culte, étranger aux délibérations de l'Etat, salarié au lieu d'être propriétaire. Poussée par le goût de régularité, naturel aux réformateurs, elle assimilait l'administration de l'Eglise à celle de l'Etat, rendait la circonscription ecclésiastique conforme à la nouvelle circonscription administrative, déclarait les fonctions ecclésiastiques électives, supprimait l'institution canonique. — P. 199. Le Directoire mit fin à la persécution sanglante. Le premier consul remplaça le serment par la promesse de soumission aux lois, et beaucoup de prêtres reparurent. — P. 200. Chaque clergé, insermenté ou constitutionnel, avait ses chefs. Des grands vicaires cachés représentaient les évêques en exil, en continuant parfois leurs fonctions après la mort de l'évêque sur la terre étrangère. D'autres avaient des pouvoirs directs de Rome. L'Eglise se réorganisait d'elle-même, transformée par la persécution : « Bientôt toute l'Eglise de France eut été sous l'autorité immédiate de Rome. » — P. 203. Dix mille prêtres mariés, flétris par l'opinion tant qu'ils n'obtiendraient pas le pardon créaient autant de familles. — P. 213. L'Eglise fidèle au saint-Siège n'était pas sans budget, mais la formation par dons volontaires et la distribution de ce budget échappaient à tout contrôle du pouvoir civil. — L'Eglise catholique n'était pas anéantie et ne disparaissait pas sans la protection du premier consul ; mais d'une part, des éléments de trouble subsistaient, dont la société civile souffrait, et, d'autre part, le concours de l'Eglise manquait à un pouvoir réparateur. — En définitive, p. 223, « pas de clergé constitué en pouvoir politique, plus de clergé propriétaire : un clergé uniquement voué aux fonctions du culte, salarié par le gouvernement, nommé par lui (Bonaparte), confirmé par le pape: une cir-

28. Cette théorie, qui est fort solide, est confirmée par le début de l'encyclique *Nobilissima Gallorum gens* de Léon XIII, adressée aux archevêques et évêques de France :

« La très noble nation française, par de nombreuses et grandes œuvres, accomplies soit dans la paix, soit dans la guerre, a rendu, entre toutes, à l'Eglise catholique d'éminents services, dont le souvenir reconnaissant ne périra point et dont la gloire ne se flétrira pas. Devenue chrétienne de bonne heure, à la suite de son roi Clovis, elle reçut, comme un glorieux témoignage et en même temps comme une récompense de sa foi et de sa piété le titre de fille aînée de l'Eglise. Depuis cette époque, vénérables frères, vos ancêtres se montrèrent souvent les auxiliaires de la divine Providence elle-même pour les grandes et salutaires entreprises. Ils firent particulièrement éclater leu⁻ mérite en prenant la défense, dans le monde entier, de la religion catholique, en protégeant la foi chrétienne parmi les nations barbares, en délivrant les lieux

conscription nouvelle des diocèses qui comprendrait soixante sièges, au lieu de cent cinquante-huit, existant jadis sur le territoire de l'ancienne et de la nouvelle France : la police des cultes déférée à l'autorité civile, la juridiction sur le clergé au conseil d'Etat, en place des parlements abolis : tel était le plan du premier consul. »

D'Haussonville : « Les autels étaient déjà relevés. Une statistique administrative de l'époque constate que le culte était rétabli dans quarante mille communes. La conséquence véritablement importante du concordat, c'était *la reconstitution entreprise de compte à demi avec celui qui réédifiait alors toutes choses* (Bonaparte), de la puissante hiérarchie de l'Eglise catholique. Cette Eglise, reconstituée et soldée par lui, allait avoir à se préoccuper désormais beaucoup moins des sentiments de l'opinion publique et beaucoup plus de la volonté de l'Etat. A première vue, la différence ne lui semblait pas bien grande à elle-même, et de fait elle ne l'était guère, car ces deux grandes puissances (l'opinion publique et la volonté de l'Etat) marchaient alors ensemble. »

saints de la Palestine... Il en résulta que, se dévouant avec fidélité au service de la religion catholique, ils méritèrent de partager d'une certaine façon les gloires de l'Eglise *et fondèrent de nombreuses institutions publiques et privées où se manifeste la vertu puissante de la religion,* de la bienfaisance et de la magnanimité. Les pontifes romains nos prédécesseurs eurent toujours en très haute estime ces mérites de vos aïeux... »

L'*initium* des concordats n'est pas autre que celui-là ; il remonte à l'origine du christianisme dans notre pays et, si l'esprit concordataire *avant la lettre* a inspiré bon nombre de faits de notre histoire, il n'a pas moins efficacement *pénétré nos institutions.*

C'est pourquoi, ajoute Léon XIII, « Dieu, le créateur de toutes choses, qui donne, par toute la terre, aux peuples la récompense de leurs vertus et de leurs actions méritoires, en a tenu compte en conférant à la France tous les éléments d'une grande prospérité, les gloires militaires, les bienfaits de la paix, l'honneur du nom et une puissance prééminente. »

Le Concordat de 1801 n'abolit rien de ce qui est grand dans notre passé, et Napoléon Ier disait fièrement : « Charlemagne notre prédécesseur. » Il représente toutes nos gloires les plus pures et s'y rattache. Il conserve la sève chrétienne de nos institutions. Il maintient le niveau de notre grandeur prééminente dans le monde, et l'on a pu affirmer qu'abroger le concordat, ce serait *changer le niveau de la France parmi les nations,* ou pour le moins en courir le risque.

La France se renoncerait elle-même. Elle ferait place à quelque chose de nouveau, qui ne serait plus la France historique.

29. Le P. Lacordaire, dont l'âme profondément honnête était ouverte au patriotisme, en même temps qu'elle était animée par les convictions religieuses ardentes, pensait que dans notre nouvel état social depuis la révolution, dans notre vie publique, il n'existait rien qui ne pût être ou pénétré, ou corrigé, ou épuré par l'esprit chrétien dont l'Eglise est dépositaire, (cf. *Correspondant*, 10 août 1888.) En ce qui le concerne, il avait apporté à ses contemporains une prédication rajeunie et mise en contact avec la société moderne. Enfin, il écrivait : « Depuis vingt-sept ans, je n'ai ni dit une parole, ni écrit une ligne qui n'eût pour but de communiquer l'esprit de vie à la France, et de le communiquer *sous une forme qui fût acceptable pour elle*, avec douceur, tolérance et patriotisme. »

Ce langage et cette ligne de conduite, qu'était-ce donc, sinon l'application du droit concordataire et de l'idée concordataire, contre lesquels aucun obstacle insurmontable, aucun mouvement d'opinion invincible ne s'élève [1]. Voy. n° 22 ci-dessus l'affirmation nette en ce sens.

---

[1]. Dans un discours officiel prononcé le 5 octobre 1884, à la rentrée des facultés *de l'Etat* de Lyon, M. l'abbé Guinand, doyen de faculté de théologie, partageant l'avis du P. Lacordaire, sur la possibilité de l'entier accord entre la société moderne actuelle et l'Eglise, déclare, en outre, cet accord nécessaire à la société future. Voici ses paroles :

« M. Guizot, dans son *Histoire de la civilisation en Europe*, a dit : L'esprit théologique est le sang qui a coulé dans les veines du monde européen dans sa jeunesse. » En effet, le grand mouvement intellectuel, qui commence au moyen âge, fut imprimé à l'esprit humain par la théologie. Il s'est perpétué jusqu'à la fin du XVIIe siècle, *s'étendant de proche en proche à tous les produits de la pensée, à la philosophie, aux lettres, aux arts, aux sciences...* »

« Jetons, un coup d'œil sur l'état général du genre humain. L'antique Orient, (Inde, Chine), étranger au mouvement intellec-

Qu'il y ait eu, sur notre sol, un autre droit ecclésiastique français opposé au droit ecclésiastique français concordataire, ce n'est ni contesté, ni contestable.

Léon XIII nous montre existant dans l'Eglise de France
un droit *concordataire avant la lettre*, aussi ancien que la
monarchie et remontant à nos origines nationales. M.
Paul Bert est d'avis que le système des concordats, repris
en 1801, est celui sous lequel vit en France, depuis des
siècles, l'Eglise catholique.

Néanmoins les édits pragmatiques appartiennent à l'histoire et la constitution civile du clergé appartient à l'histoire.

Les érudits parmi les auteurs de la constitution civile du
clergé ont expliqué qu'ils voulaient ramener l'Eglise des

tuel et scientifique qui pousse les races occidentales en avant,
demeure enseveli et pour ainsi dire embaumé dans sa foi, plus
de soixante-dix fois séculaire. L'Occident, au contraire, emporté
par les promesses de la science vers l'inconnu, prétend, pour aller
plus vite, se débarrasser de toutes ses traditions et de toutes ses
croyances héréditaires. *Nous espérons, nous, qu'il se lèvera une troisième humanité, mieux pondérée que les deux autres, qui saura garder pieusement les vieilles vérités et, en même temps, accueillir avide-
ment toutes les découvertes qu'a accumulées le savoir nouveau.* Alors,
se reproduira dans de plus grandes proportions, l'évolution organique qui s'est accomplie, au moyen-âge à la formation de nos sociétés modernes.. »

« Un fragment récemment découvert de la *République* de Platon,
contient les dernières paroles de Socrate, au moment où il boit la
ciguë et la mort. Ces *novissima verba* du plus grand sage de la Grèce
méritent une attention particulière à l'heure présente, les voici :
« Dis à tes concitoyens que les pires ennemis de la cité sont ceux
qui veulent, en la rendant athée, lui enlever le seul lien qui main-
tienne l'ordre et l'unité, et qui, en donnant à l'enfance et à la
jeunesse une éducation où Dieu n'a pas de part, retirent à la loi
toute autorité, au vice toute terreur, à la vertu toute espérance. »

Gaules à un état ancien de la discipline [1], qui était celle de l'Eglise d'Afrique au temps où ces deux contrées illustres, la Gaule et l'Afrique produisaient les plus grands docteurs et vivaient dans une communion étroite de la foi.

On ne pouvait chercher « l'ancienne discipline » dans l'Orient séparé. On ne pouvait (ou l'on ne voulait) la demander à l'Italie placée sous l'influence directe des papes. C'est pourquoi l'on tournait les regards vers l'Eglise d'Afrique, lorsque s'élaborait la constitution civile.

D'autre part, et dès le temps des Mérovingiens, la royauté se regardait volontiers comme héritière des traditions impériales romaines. Elle avait secondé par instinct tout particularisme vivant sous sa protection, ou pouvant la réclamer, ou parfois obligé de la subir. Plus tard, les parlements et les universités, les légistes ou les hommes appelés dans les conseils du roi avaient fait le reste. Nos rois, les Capétiens comme les Mérovingiens, avaient donc aussi préparé la constitution civile.

Tantôt prévalait la tendance concordataire avant la lettre, tantôt la tendance *pragmatique*, au nom de nos libertés gallicanes. En sorte que l'étude du concordat de 1801, dans son texte et ses dix-sept articles, sera tout à fait insuffisante lorsque l'on voudra agiter devant la démocratie française la grande et importante question du maintien de la vie concordataire au sein d'une nation ca-

1. La philosophie de l'histoire n'est-elle pas renfermée dans cette pensée : Les événements et les institutions se succèdent plus qu'ils ne se reproduisent? Le passé n'est pas la clé de l'avenir. Rien d'absolument identique ne reparaît. Rien d'absolument nouveau ne se produit.

tholique dont cette vie concordataire a pénétré (voir le renvoi ci-dessus), s'étendant de proche en proche, tous les produits de la pensée, la philosophie, les lettres, les arts, les sciences [1], suivant la remarque de Guizot.

30. Nous nous défendrons, autant que possible, contre l'idée d'agiter le drapeau d'un parti, parce que, dans ce livre, nous faisons de la science et non pas œuvre de parti. Nous n'avons en vue que la discussion scientifique et juridique dans les leçons qui suivent la présente Introduction. C'est pourquoi, afin de mieux éclairer notre marche, et empruntant le langage des sciences naturelles, nous disons :

Le terrain sur lequel nous marchons, à l'heure présente, et qui a paru fort solide particulièrement depuis un siècle, est un terrain de formation concordataire. Il s'est superposé, en définitive, au terrain pragmatique. A certains endroits, la couche concordataire est très profonde ; elle atteint une épaisseur considérable, et elle reste seule apparente. A certains autres endroits, des failles, plus ou moins nettement déterminées, et parfois très abruptes, nous mettent soudain en présence du terrain pragmatique, qui s'étend avec des dimensions variables de surface. Les anciennes couches ou même les très anciennes couches sont contemporaines d'une vie sociale de nos ancêtres, qui a disparu avec les générations du passé.

[1]. Cette vie concordataire ne peut, d'ailleurs, être supprimée entièrement, comme le prouve l'exemple de la Belgique, (voir ci-dessus, n° 26, lettre b.) Et à la place du concordat, il faudra toujours un règlement, (voir ci-dessus, n° 25). Ce règlement vaudra moins, sera moins efficace que le traité ou le contrat dénommé concordat ; mais il sera lui-même quelque chose comme un concordat imparfait.

*La géologie concordataire ne peut se dispenser de quel-
ques procédés scientifiques. Elle doit reconnaître tout
d'abord les alluvions modernes, voir ensuite si, le terrain
concordataire recevant ces alluvions comme accession du
sol, elles lui ont été incorporées, et dans quelles proportions. Quant à la puissance des stratifications, c'est-à-dire
leur profondeur ou leur épaisseur, elle ne saurait être
indifférente.*

Creusez, par exemple, le sol concordataire, et vous
pourrez trouver, bien au-dessous, quelques vestiges du
mariage du prêtre catholique en Occident, non pas ap-
prouvé et jugé conforme aux anciens canons, mais existant en fait, à titre d'infraction, ayant sa place de fait
dans l'ordre social, sur quelques points géographiques
peu nombreux toutefois.

En constatant la stratification et la superposition ultérieure du terrain concordataire, vous verrez d'accord
pour bannir le mariage du prêtre catholique en Occident
les conciles, les synodes, les papes, nos rois, les évêques,
les moines, les saints canonisés, les jurisconsultes et légistes, les parlements, unanimes pour bannir les derniers vestiges d'un fait que les contemporains de ce fait
ont vu, de leurs yeux vu, subsistant, ici ou là.

La puissante couche concordataire ne laisse pas même
entrevoir au temps de l'établissement de la Réforme, des
failles se produisant en France, dans l'Eglise catholique
d'Occident. Et, quant aux alluvions modernes de l'époque révolutionnaire, elles n'ont pas été incorporées à
titre d'accession durable s'unissant au sol. (Cf. notre
traité du *Mariage civil des prêtres catholiques en France.*)

31. Mettons de côté les métaphores. La vie concorda-

taire est en France un fait qui acquiert, en 1801, toute sa précision par l'acte concordataire portant cette date. Cet acte concordataire a été préparé par un long passé, dans lequel des tendances opposées se sont plus d'une fois manifestées. Pour discourir pertinemment sur le concordat, il faut envisager la question dans son ensemble et soumettre à une étude attentive toute notre histoire tant ecclésiastique que civile et politique.

32. Le souverain Pontife Léon XIII fait remonter jusqu'à Clovis la série des *Gesta Dei per Francos*. Lehuerou, de même, (*Institutions Méroving.*, t. I, p. 389) : Au baptême, dit-il, le Sicambre Clovis commence une autre existence. Il a renoncé à ses dieux de pierre ou de bois, et renoncé aussi aux traditions nationales qui se confondaient avec leur culte. Il appartient désormais à l'influence ecclésiastique; il subit dans ses relations avec les clercs l'ascendant de la civilisation romaine. Cette civilisation dans sa décrépitude exerce encore une action puissante sur les barbares. Les guerriers francs résistent plus longtemps que leurs rois à cet entraînement manifeste. Les abbés, les évêques sont admis aux festins et dans l'intimité du foyer domestique par le roi mérovingien; ils connaissent tous les secrets de son gouvernement. Ils assouplissent son esprit indompté, ils apaisent ses colères. Entre le monarque et les sujets, la religion s'interpose : elle lie chacun envers lui par un serment de fidélité, dont l'oubli est un parjure et la violation un sacrilège. La royauté devient alors (p. 395) l'institution que dépeint le pape Grégoire Ier, (Cf. Sirmond, *Conc. Eccl. gall.*, t. I, p. 418): Autant la dignité royale s'élève au-dessus du reste des hommes, autant la majesté de

votre royaume dépasse celle des autres rois de la terre.
Et partant, la merveille n'est point que vous soyez roi,
puisqu'il y en a d'autres ; *mais la gloire sans égale est
que, seul de tous les rois, vous ayez mérité la grâce d'être
catholique.* Car, de même qu'une vaste lampe, allumée
soudain au milieu d'une nuit profonde, chasse les ténè-
bres par l'éclat de sa lumière, ainsi *l'éclat de votre foi
brille et resplendit au milieu de l'aveuglement et des ténè-
breuses erreurs des autres nations.* Tout ce que les autres
rois se flattent de posséder, vous l'avez comme eux ; mais
il est un point dans lequel vous l'emportez de beaucoup,
c'est qu'ils ne sont point en possession du bien inappré-
ciable dont vous jouissez.

Or, dans la pratique, voici comment se traduisait la
situation nouvelle, (Id., p. 412). La constitution de Childebert, de l'an 554, dit : Des plaintes nous sont parve-
nues sur le fait de nombreux sacrilèges par lesquels Dieu
est offensé et le peuple est conduit au péché et à la mort.
Dans les jours sacrés de Pâques, de Noël et d'autres fêtes,
on se livre à des ivresses nocturnes, à des chants immo-
dérés, et le dimanche des spectacles et des danses deviennent l'occasion d'outrager Dieu : nous défendons toutes
ces choses ; *Nullatenus permittimus.*

Une autre constitution de Clotaire Ier, en 560 : — Art. 6.
Si un juge condamnait quelqu'un injustement et contre
la loi, qu'en notre absence il soit repris ou corrigé, *castigetur*, par les évêques, de telle sorte qu'après une
discussion approfondie, celui-ci amende le mal jugé. —
8. Que nul n'ait l'audace d'épouser une religieuse. —
11. Nous remettons à l'Eglise, en témoignage de notre foi
et de notre dévouement, l'impôt de la terre, celui des pâtu-

rages, la dîme des porcs, de telle sorte que nul régisseur ou décimateur ne puisse entrer dans les biens de l'Eglise. De plus, que nul officier public n'exige aucun service public des églises ou des clercs qui ont obtenu une immunité de notre aïeul, de notre père ou de notre oncle. — 12. Tout ce que l'Eglise ou les clercs ont obtenu de la munificence de ces princes de glorieuse mémoire, nous le maintenons et confirmons [1].

En même temps, les lois barbares étaient corrigées [2], modifiées, amendées. La *chrétienté concordataire* commençait.

[1]. Le concile de Paris, sous Clotaire II, en 615, est la véritable charte du viie siècle, dit Lehuerou, (*Instit Mérov.*, t. I, p. 486-91.)
Les maires du palais tout-puissants et inamovibles ont rétabli les élections canoniques, (*Id.* p. 491.) Par eux, le système des élections a repris une nouvelle vigueur. C'est une pierre d'attente pour les pragmatiques. La pragmatique dite de saint Louis maintient les élections comme base du droit ecclésiastique ancien.
Traité d'Andlau, en 587, entre Gontran et Childebert : « Pareillement, tout ce que les rois ci-dessus nommés ont donné ou voudront donner légitimement, avec la grâce de Dieu, aux églises, qu'il leur soit inviolablement conservé. » L'union des deux pouvoirs, conclue au nom de Dieu, *en fait et d'un commun accord avec l'Eglise*, est sincère et sans artifice. — Les tendances concordataires et les tendances pragmatiques alternent.
[2]. Ex. Loi des Alamans : Si un homme libre veut livrer sa terre à l'Eglise, que nul ne puisse l'en empêcher, ni le duc, ni le comte, ni aucune autre personne ; mais que tout chrétien soit libre de se vouer au service de Dieu à son gré, ou de se racheter avec son bien, tit. I, 1. Si un homme libre a donné ses biens à l'église et qu'ensuite, il les ait repris, par le bienfait de l'église pour en avoir son pain de chaque jour jusqu'à la mort, qu'il paie à l'église les cens qu'il a promis de lui payer et qu'il en contracte l'obligation par écrit, afin qu'après sa mort nul de ses héritiers n'y contredise, tit. I, 2. Si quelqu'un arrache un fugitif de l'asile de l'église, qu'il paie treize sous à l'église et au fisc soixante, parce qu'il a refusé à l'église l'honneur et à Dieu le respect qu'il devait,

33. Quand paraît Charlemagne, les mœurs publiques, religieuses, politiques et sociales ont établi un large concordat de fait. Charlemagne, dit M. Zeller, (*Entretiens sur l'hist. du moyen âge*, t. II, p. 408, s.) gouverne l'Eglise autant que l'empire, comme le pape sanctifie l'empire aussi bien que l'Eglise. Les assemblées de la monarchie sont en même temps des synodes ; on y voit des grands et des évêques délibérer au milieu du peuple, des guerriers et des moines. On y décide des questions de théologie ou de guerre, et cette étroite union entre les affaires d'Eglise et les affaires d'Etat est de tradition depuis Arnulf et Pépin le Vieux, dans la famille carolingienne. Aussi, Charlemagne impose-t-il, en même temps que la fidélité à sa propre personne, l'obéissance aux lois de Dieu et de l'Eglise. L'empereur apparaît comme le Souverain responsable de l'accomplissement de la loi et du service de Dieu. Il convient à la dignité impériale, suivant Alcuin, de décréter ce qui est juste, d'ordonner ce qui est légitime, et de conseiller ce qui est saint, afin que chacun se pénètre avec joie, à son foyer, des préceptes du salut éternel. L'unité de l'empire est dans l'obéissance à la loi chrétienne et dans la fidélité à l'empereur. L'Eglise en est la clef de voûte ; la nation franque, dont les autres sont sujettes, en est le lien. C'est ainsi que l'assemblée de Francfort, en 794, condamne l'hérésie de Félix d'Urgel, tranche la question de l'adoration des images, condamne Tassillon à la perte de son duché de Bavière, termine un conflit entre les évêques de Vienne

et afin que l'on sache que les chrétiens craignent Dieu et honorent l'Eglise. — De telles lois sont des concordats promulgués par le roi, mais convenus avec l'église, qui en rappelle l'observation.

et d'Arles, fixe le prix du blé, le poids de la monnaie, etc. Enfin, il n'est point de recommandation que le Souverain renouvelle plus souvent que celle de la concorde, de l'entente et du concours des comtes et des évêques pour faire régner la loi et la paix.

34. Le Concordat de fait, entré dans les mœurs, pleinement établi ou confirmé sous Charlemagne, existe avant lui, persévère après lui. Nous citons le capitulaire de Carloman de l'an 742 : « Moi Carloman, duc et prince des Francs, j'ai réuni en concile et en synode, avec la crainte du Christ, tous les évêques et prêtres de mon royaume, pour me donner avis et conseil sur les moyens de rétablir la loi de Dieu et celles de l'Eglise... Ordonnons qu'un synode soit rassemblé par chacun an pour rétablir, en notre présence, l'autorité des canons et les droits de l'Eglise... Rendons et restituons aux églises les biens dont on les a dépouillées, chassons des bénéfices ecclésiastiques les faux prêtres, les diacres et clercs adultères et fornicateurs, les dégradant et condamnant à la pénitence... » (Pertz t. III, p. 16.)

Si Charlemagne a enjoint (Aquisgran. 813) aux comtes, juges de tout degré, et au peuple d'obéir docilement à l'évêque, aux comtes et aux évêques de se prêter un mutuel appui dans l'administration de la justice, s'il a voulu que, dans les provinces, le magistrat civil fût subordonné au chef ecclésiastique ; à son tour, Charles le Chauve attribue aux évêques une surveillance générale sur l'administration des comtes, avec la charge de porter à sa connaissance les méfaits dont ils se rendraient coupables, (capitul. de 864.) Il confère à chacun d'eux, dans les limites de son diocèse, tous les pouvoirs des envoyés extraordinaires dans les provinces, (capit. de 876.) Lorsque l'évêque tient son plaid, le comte a l'ordre de s'y trouver, (853.) Le pouvoir civil dépose en quelque sorte la société civile aux mains du pouvoir ecclésiastique.

Mais on ne doit pas s'y tromper, le concordat de fait, qui accorde tant d'avantages, d'influence et d'autorité à l'Eglise, aux divers âges historiques dont nous nous occupons, ne sera pas le concordat invariable et immuable pour toute la suite des temps.

Dans le système des concordats, l'Etat s'immisce plus ou moins dans les questions de discipline, intervient dans l'administration des biens de l'Eglise, et le reste, à la condition d'agir *en vertu d'un accord préalable avec le chef de la catholicité*, (supr. nº 26.) Cet accord est sujet à modifications, qui seront plus fréquentes pour les âges où il n'y a pas d'instrument écrit du Concordat.

L'accord existe sous les Mérovingiens, sous les Carolingiens, qui adaptent à leur politique administrative une institution administrative dont ils ont reconnu le mérite, et qu'ils savent être agréée par les peuples. D'autre part, la politique sociale est en parfait accord entre l'Eglise et l'Etat pour la direction des nations nouvelles qui deviennent la chrétienté. Quand la face de l'Europe sera changée, quand le chef de la France s'appellera le premier Consul, l'accord sera fondé nécessairement sur des bases différentes : le système concordataire aura changé d'aspect. Un nouvel instrument concordataire sera écrit et signé.

35. Un point important et fort grave dans le système pragmatique, est celui de l'élection. Mais l'élection co-

existe avec les *tendances* concordataires de fait dont il vient d'être parlé. Les pragmatiques pourront donc invoquer à cet égard un droit ancien ou très ancien, malgré les *tendances concordataires de fait.* Le reproche d'avoir méconnu en la matière l'ancien ou le très ancien droit sera adressé, d'une façon persistante, au Concordat de François Ier, jusqu'à la Révolution : la faille demeure apparente, et les couches primitives sont à peine recouvertes.

Or, comme rien n'est plus logique que l'histoire, la tentative de constitution civile du clergé est caractérisée surtout et avant tout par la tentative faite pour rendre à l'élection son importance d'un autre âge.

Si, le premier Consul n'est pas favorable à l'élection dans l'Eglise : le concordat de 1801 y substitue la nomination gouvernementale pour les évêques et la nomination *d'accord avec le gouvernement* pour les curés ; mais, à tous les degrés, *la nomination.*

Un capitulaire de Pépin, de l'an 755, déclare que les prêtres tiennent leurs pouvoirs de l'évêque ; mais que les clercs et le peuple *élisent* les recteurs des paroisses, si ce n'est qu'il n'y ait pas sur place un sujet convenable, car alors, (système de la nomination), l'évêque envoie l'un des clercs vivant près de lui et connus de lui.

Sous Louis le Débonnaire, l'Eglise réclame *la liberté des élections,* l'inviolabilité de la propriété cléricale, etc.

En 855, un capitulaire de Louis II, veut qu'une fois institués, les curés ne puissent être rejetés ou destitués que pour un méfait ou pour défaut de soin du peuple à eux confié. *Nullatenus a suis episcopis repellantur nisi aut in alicujus criminis reatum inciderint, aut easdem plebes male tractaverint.*

Sous Louis II, l'édifice entier de l'Eglise repose sur l'élection, depuis le métropolitain jusqu'au simple prêtre de paroisse : l'élection, est-il dit, est l'une des grandes maximes de discipline de l'Eglise proclamées par les premiers Conciles.

Signalons, d'ailleurs, aux partisans *intransigeants* de l'élection dans l'Eglise, pour la conformité avec le droit commun ancien, et pour la plus complète harmonie avec le principe démocratique moderne, les alluvions de juifs, devenus citoyens, de protestants, d'incrédules, de libres penseurs, tous inconnus au temps où la pragmatique attribuée à saint Louis s'exprimait en ces termes : « Les églises cathédrales et autres jouiront du libre exercice de leurs élections, promotions ou collations ; nous renouvelons et approuvons les libertés, franchises, immunités, prérogatives accordées par nos prédécesseurs... »

36. Si l'on dégage avec soin, par une étude attentive, les idées et les faits concordataires dans le passé ; si l'on en veut suivre le développement, en les prenant à leur origine, en les montrant en lutte avec les idées et les faits pragmatiques, tantôt se combinant avec ces idées et ces faits, tantôt les excluant, et tantôt disparaissant devant ces idées et ces faits, on arrivera à retracer toute la politique civile religieuse de quinze siècles, c'est-à-dire une longue œuvre de gouvernement et de diplomatie savante.

La logique de l'histoire nous aidera à recueillir des enseignements profitables pour le présent.

Nous aurons parfois la surprise de voir des doctrines ennemies devenant soudain réconciliables.

Hardouin (*Conc.*, t. VIII, col. 1952) rapporte que le concile de Latran, sous Léon X, défend à toute personne sous peine d'excommunication majeure encourue par le

fait même, sans qu'aucune sentence particulière soit nécessaire, et, pour les clercs, en ajoutant la privation de
tous leurs bénéfices et d'autres peines, de conserver, en
lieu public ou privé, les articles ou décrets de la Pragmatique Sanction de Charles VII, ordonnant de les enlever
des archives, même royales, des archives des collèges ou
chapitres quelconques et de les détruire. Lorsque, ensuite,
Louis XI rétracte cette Pragmatique, au commencement
de son règne, Pie II le félicite d'avoir agi par lui-même,
sans prendre l'avis d'aucun conseiller, et, en cela, il s'est
montré grand roi. Puis vient le concordat signé avec
François Ier, qui non seulement reproduit plusieurs des
dispositions importantes de la Pragmatique, mais s'annonce modestement comme un travail de correction, des-
tiné à améliorer, redresser, par le conseil des cardinaux
délibérant avec les fondés de pouvoir du roi de France, le
droit ecclésiastique de l'Eglise gallicane formulé dans la
Pragmatique, en fortifiant la nouvelle convention par
l'assentiment et l'autorité du Saint-Siège.

37. *La situation actuelle de l'Eglise de France, depuis
le concordat de 1801, affermie par le concordat de 1801,
est donc celle que nous ont faite la sagesse de l'Eglise,
s'accommodant aux besoins de la nation, aux instincts de
race, aux faits historiques, à la série des événements, à la
grandeur de nos destinées, au mouvement intellectuel et
scientifique, à l'influence exercée dans le monde par l'il-
lustration de nos grands génies, à la sainteté éminente
lorsqu'elle s'est produite dans un saint Louis, un saint
Bernard, et tant d'autres, d'une part, — et ensuite la sagesse, la prévoyance ou même l'imprévoyance à certains
jours, soit du peuple tout entier, soit de nos rois, de nos*

hommes d'État, des grands politiques et des grands capitai-
nes, des fondateurs de l'unité nationale, des fondateurs du
droit et autres. C'est à quoi il faudrait songer. On ne
renverse pas un vaste édifice, élevé par des architectes
habiles et ayant nécessité un long temps de construction,
avec l'emploi de nombre de bras et une lourde dépense,
sans examiner quelle a été ou quelle est encore sa raison
d'être, à seule fin de détruire ce que d'autres ont bâti. On
n'abat pas dans la forêt un arbre plusieurs fois séculaire,
sans calculer quels dégâts sa chute va entraîner au loin.

Ouvrons le livre de M. de Vogué : *Remarques sur l'Ex-*
position du centenaire. Il signale l'influence de la science
positive à notre époque, de plus en plus éloignée de
l'idéalisme, s'inspirant du darwinisme, tout empreinte
d'un réalisme devant entraîner les hommes au triomphe
de la force brutale, à l'anarchie violente, et condamner
les sociétés qui voudront s'y soustraire à se ranger sous
la verge de fer d'un maître. « Pour conjurer ces conséquences, il faudrait que la nouvelle théorie des rapports
humains fût complétée par le correctif qui a manqué à
l'ancienne [1] : il faudrait qu'un principe moral représentant la réaction de la conscience contre la dureté des lois
naturelles vînt adoucir ce qu'il y avait d'intolérable dans
les enseignements de la physiologie. Ce principe, faute
duquel la Déclaration des droits pend dans le vide, avec
tout ce qui est sorti d'elle, ce principe qui, seul, peut
donner un fondement solide à la notion du devoir, on le
chercherait en vain dans tout le monde des idées ration-
nelles, l'humanité ne l'a jamais ressaisi que dans le for
où il réside, dans le sentiment religieux. » L'Église (ac-

1. Nous croyons qu'il faut entendre nouvelle dans le sens de :
future, et ancienne dans le sens de : actuelle.

ceptant la liberté et la démocratie) sera la seule puissance capable de tenter une résistance contre les « revendications violentes » du nombre. » Depuis quelque temps, écrit M. de Vogué, elle se prépare à ce rôle; elle intervient chaque jour plus délibérément dans les questions sociales. Et « n'y eût-il dans l'action religieuse qu'une chance sur cent, n'y eût-il qu'un retard et une atténuation des secousses à prévoir, on serait impardonnable de paralyser cet auxiliaire. »

Lisez : On serait impardonnable de briser le concordat, sans savoir ce qu'il renferme, ce qu'il représente, les garanties qu'il offre à notre état social, tout en laissant une grande souplesse et une grande liberté d'action vis-à-vis des « secousses à prévoir, » et de toutes éventualités de l'avenir.

38. Nous considérons l'ère des concordats écrits et formels, comme précédée par l'époque des concordats de faits (qui sont écrits en partie dans les capitulaires carolingiens, avec une forme imparfaite, en dehors de toute apparence de convention synallagmatique), et par les simples tendances concordataires, encore plus anciennes. Ces diverses périodes ne commencent pas et ne finissent pas à date fixe. Ce sont là des divisions de raison, et non des divisions basées chronologiquement.

Or, nous voudrions que les *conséquences* de notre *vie concordataire en rapport avec nos institutions* fussent décrites et appréciées par un Indien bouddhiste ou par un Chinois. Ce serait, pensons-nous, très instructif pour bon nombre de nos hommes politiques, non pas uniquement pour la foule ou pour la grande démocratie française.

En me rendant en Europe, dirait l'Hindou ou le Chi-

nois, et voulant étudier les différents peuples des régions
traversées par moi dans l'accomplissement de mon voyage,
j'ai remarqué quelle place tient la religion. En Asie-Mi-
neure, dans l'Egypte, dans l'Europe orientale et méridio-
nale-orientale, le christianisme forme autant d'Eglises
qu'il existe de nations souveraines ou de nations sujettes.
L'idée d'Eglise est donc rattachée à celle de nationalité, et
cette nationalité s'affirme en la personne d'un patriarche
qui en est, à coup sûr, la plus haute autorité morale.
C'est ainsi qu'il y a des patriarches arabe, arménien, sy-
riaque, chaldéen, copte, grec, et autres. La nationalité
est encore accusée par les diverses langues dont se servent
les Eglises pour le culte public. Quoi qu'il en soit, si l'on
s'avance jusque dans. l'extrème occident européen, les
Français, fiers de leur langue répandue dans tout l'uni-
vers, jaloux de leur nationalité, même en matière d'organisation ecclésiastique, jusqu'au point d'inventer ce qu'ils
ont dénommé le Gallicanisme, n'ont point de patriarches,
ni de langue liturgique nationale. On ne m'en a pas donné
de bonnes raisons, ni suffisantes pour quiconque soumet
à l'analyse le caractère de ce peuple. J'ai appris, toutefois, qu'ils ont un concordat de 1801, duquel l'établissement d'un patriarcat serait le renversement ; que ce concordat a été précédé d'un autre, assez conforme dans ses
grandes lignes ; enfin, qu'avant les concordats écrits, des
tendances concordataires, aussi anciennes que la nation,
reliaient si étroitement celle-ci au siège de Rome, que nul
patriarcat français n'aurait jamais pu s'établir. C'est ce
que j'appellerais une conséquence des concordats et des
tendances concordataires tout à la fois. Nier cette conséquence, ce serait nier l'évidence. Et, ce qui est certain au
point de vue de l'importance de cette question, c'est que

résolue autrement, c'est-à-dire avec une organisation faisant entrer le patriarcat dans le droit public civil ecclésiastique français, elle eût changé complètement l'histoire de la France. — Ainsi parlerait le voyageur philosophe.

39. Portalis l'ancien, qui n'était pas Chinois, a été attiré vers cette question, qu'il a effleurée dans son *Discours sur l'organisation des cultes*, lu devant le Corps législatif dans la séance du 15 germinal an X, 5 avril 1802. « L'histoire nous apprend, dit-il, que, dans certaines occurrences, des nations catholiques ont établi des patriarches ou des primats, pour affaiblir ou écarter l'influence directe de tout supérieur étranger. Mais une telle mesure était impraticable dans les circonstances, [dans la France de 1801]... D'ailleurs, il n'est pas évident qu'il soit plus utile à un Etat dans lequel le catholicisme est la religion de la majorité, d'avoir dans son territoire *un chef particulier de cette religion* que de correspondre avec le chef général de l'Eglise. Le chef d'une religion, quel qu'il soit, n'est point une personne indifférente : s'il est ambitieux, il peut devenir conspirateur ; il a le moyen d'agiter les esprits ; il peut en faire naître l'occasion. Quand il résiste à la puissance séculière, il la compromet dans l'esprit des peuples. Les dissensions qui s'élèvent entre le sacerdoce et l'empire deviennent plus sérieuses. L'Eglise qui a son chef toujours présent *forme réellement un Etat dans un Etat* : selon les occurrences, elle peut même devenir une faction. On n'a point ces dangers à craindre d'un chef étranger, que le peuple ne voit pas, qui rencontre dans les préjugés, dans les mœurs, dans le caractère, dans les maximes d'une nation dont il ne fait pas partie des obstacles à l'accroissement de son autorité ; qui est

perpétuellement distrait de toute idée de domination particulière par les embarras et les soins de son administration universelle... Dans les communions qui ne reconnaissent point de chef universel, le magistrat *politique* s'est attribué les fonctions et la qualité de chef de la religion, tant on a senti combien l'exercice de la puissance civile pourrait être traversé s'il y avait dans *un même territoire deux chefs*, l'un pour le sacerdoce et l'autre pour l'empire, qui pussent se partager le respect du peuple, et parfois rendre son obéissance incertaine. Mais, *n'est-il pas heureux de se trouver dans un ordre de choses où l'on n'ait pas besoin de menacer la liberté pour rassurer la puissance?*... Les principes du catholicisme ne comportent pas que le chef de chaque Etat politique pnisse, comme chez les Luthériens, se déclarer chef de la religion. Et, *dans les principes d'une saine politique*, on pourrait penser qu'une telle réunion des pouvoirs spirituels et temporels dans les mêmes mains *n'est pas sans danger pour la liberté.* »

Ce patriarcat qui aurait pu, par exemple, être établi au temps de Charlemagne et traverser l'histoire en créant une sorte d'Etat dans l'Etat, et donnant souvent de l'ombrage au pouvoir civil, n'a pas existé. Louis XIV ne s'est pas soucié d'une telle entrave à son pouvoir monarchique. Napoléon s'est gardé avec soin de lui donner l'existence. L'état de choses n'a donc pas été celui dans lequel le pouvoir civil aurait cru devoir affermir ou rassurer sa puissance en menaçant la liberté religieuse, la liberté de conscience, et cela est heureux. Nous en demeurons d'accord. Mais, d'un autre côté, le chef politique de l'Etat ne s'est pas déclaré chef de la religion, ce qui ne serait pas moins opposé à une « saine politique, » ce qui serait un autre et redoutable écueil. Pourquoi cela? Parce que la France a été concordataire, même avant le concordat qui nous régit, et bien avant ce concordat. Elle n'a dévié ni à droite, ni à gauche.

40. La séparation de l'Eglise et de l'Etat, admettant diverses variétés, est d'invention très moderne. La prétention des chefs politiques se déclarant chefs de la religion est moins récente, mais déjà, relativement, elle a eu certaine durée. Ce dernier système a produit alors une apparente constitution de l'Eglise, bornée par des limites géographiques [1] territoriales, et la constitution de l'Eglise n'est qu'apparente, puisque le chef politico-religieux peut la changer, la modifier.

Les patriarcats de l'Orient n'ont échappé à toute lutte contre le pouvoir politique qu'en acceptant l'asservissement pour eux, pour leurs Eglises, pour les nationalités qu'ils représentent. Au point de vue religieux, ils ont aidé à la séparation des Eglises, à la division et au morcellement, consacré par la multiplicité des rites. Et chaque fois qu'une unité politique a surgi ou surgira, l'une de ses préoccupations est de réclamer un chef religieux distinct. En Russie, l'institution s'est accommodée aux volontés des gouvernants, qui ont pu lui donner la vie, ou qui ont pu la faire rentrer dans le néant.

Par suite, l'Orient n'a rien à comparer à l'unité chrétienne de l'Occident qui, en Europe, fut si longtemps le seul lien des peuples du moyen-âge.

Nous ne saurions rejeter, par le seul motif qu'elles sont invraisemblables, les hypothèses qui mettent dans tout son jour un sujet discuté. Supposons donc la séparation

absolue de l'Eglise et de l'Etat par le rejet du concordat
et des idées concordataires. Supposons la lutte de la libre
pensée, (en comprenant dans cette appellation tous les
partis unis pour le combat contre l'Eglise), arrivant à un
extrême degré d'acuité. Supposons que tous les nonces du
Saint-Siège, accrédités près des puissances, sont supprimés et que le Souverain Pontife, pour remplacer leur
action directe, a décidé de centraliser et de diriger par
une impulsion plus hardie les efforts des clergés nationaux, en créant des patriarches nationaux, lesquels éven-
tuellement, dans des jours de convulsions sociales formeront de nouvelles circonscriptions diocésaines ou pren-
dront telles autres mesures que le zèle inspirera. Ayant
présente à l'esprit une telle hypothèse, relisons Portalis,
et nous le comprendrons mieux, car nous saurons de
quelles complications les concordats peuvent nous sauver.
Il a le moyen d'agiter les esprits; il peut en faire naître
l'occasion; il peut compromettre la puissance séculière
dans l'esprit des peuples, etc. Mieux vaut garder un concordat que courir les aventures, dirait Portalis [1].

Au lieu et place d'un patriarcat créé par Rome, nous
pouvions avoir, à quelque jour, sous l'inspiration de la

---

1. Nous sommes dans le champ des hypothèses ; on peut les
multiplier. Pendant l'époque révolutionnaire, alors que les évêques émigrés donnaient les pouvoirs de grands vicaires à des prêtres obligés de se cacher, tandis que Rome pourvoyait directement,
de son côté, autant que possible, aux besoins des diocèses, mais
avec des difficultés de relations que les chemins de fer n'avaient
pas encore fait disparaître, le Saint-Siège eût pu songer à un patriarcat. L'empressement des fidèles, que l'on a vu éclater pour
revenir aux anciennes croyances et à l'ancien culte, peut donner
une idée de la force morale dont le patriarche eut disposé. Ce
n'est qu'une hypothèse.

puissance séculière un saint synode dirigeant, comme en Russie, sous la présidence, au besoin d'un colonel de cavalerie. Ce serait une déviation notable, il faut l'avouer, à l'antique discipline des Eglises. Nos anciennes Assemblées du clergé auraient eu peu à faire, peut-être, pour se transformer en corps délibérant et en saint-synode. Ou bien ces assemblées, comme le dit Portalis, eussent fait courir quelque danger au pouvoir politique, ou bien elles pouvaient être asservies et instrument d'asservissement. En tout cas, c'eût été la forme bureaucratique devenant le mode de gouvernement de l'Eglise.

Autre considération : Le patriarcat ou le saint-synode fera naître un *centre religieux*, qui ne sera point négligeable [1]. Constantinople a été longtemps pour les Russes le centre religieux; mais plus tard, ce fut Kief, puis Moscou, puis Pétersbourg. Kief, suivant M. Leroy-Beaulieu (*L'empire des tsars et les Russes*, t. III, p. 248), est devenu le premier pèlerinage du monde chrétien, si ce n'est du globe : en certaines années, on a compté dans la ville sainte, comme en 1886, un million de pèlerins. L'influence morale religieuse réside plus à Kief et à Moscou qu'à Pétersbourg.

Moscou, ville sainte aux yeux de tous les Russes, est devenu, d'autre part, la métropole religieuse des dissidents appelés raskolniks, qui y ont fondé les établissements de Rogojski et de Préobrajenski, les foyers religieux du raskol.

En 1846, les dissidents eurent dans la Bukovine, hors

1. Port-Royal, en France, fut comme une sorte d'essai de créer un centre religieux pour la direction des intelligences et de la conscience, au xvii° siècle, aspirant à une influence non déguisée sur la société. Louis XIV ferma Port-Royal.

des frontières russes, à Bélokrinitsa, le siège d'un nouveau patriarcat. Du fond d'un obscur couvent de la Bukovine, un moine mitré, sans nom et sans réputation, partagea les Etats de l'empereur Nicolas en diocèses, y nommant des évêques qui relevaient de lui seul. Il y eut des évêques, parfois déguisés en marchands, connus seulement de leur troupeau, formant un épiscopat occulte, ne manquant point d'argent, et payant la connivence de la police. Les conseillers de la couronne conçurent les plus grandes craintes, en face de cette situation, qui n'est qu'une des conséquences du système de gouvernement des Eglises d'Orient : tantôt le pouvoir politique imposera des patriarcats, tantôt l'opposition religieuse et gouvernementale d'une secte les fera surgir.

41. La constitution générale des Eglises pouvant ainsi, avec le cours des siècles, être modifiée profondément et, en certaines occurrences, de façon à légitimer les craintes des hommes politiques, ce sera toujours avec la plus grande réserve et circonspection qu'un *modus vivendi* séculaire, ou plusieurs fois séculaire, comme celui des concordats en France (Voir ci-dessus l'affirmation de M. Paul Bert, n° 26, lettre *C*), devrait être soumis à la discussion, même un peu académique. (Voir opinion de M. J. Ferry ci-dessus n° 10.)

C'est pourquoi, notre ambition s'est bornée ou se borne présentement à suivre dans un exposé rapide, *la succession des faits concordataires*, pour en indiquer ensuite *les résultats*. Nos Leçons exposent plus qu'elles ne discutent.

Portalis, l'ancien, considérant de haut la question nous est venu en aide. Mais il est divers points qu'il n'a pas soumis à l'examen.

La question d'organisation du corps qui placé au degré inférieur de la hiérarchie dans l'Eglise, *exerce*, à l'égard des simples fidèles, ou *représente* l'autorité, le pouvoir enseignant et le pouvoir ministériel, offre une spéciale gravité. De cette organisation dépend dans une large mesure la direction des esprits dans les sociétés chrétiennes. La forme bureaucratique d'un saint-synode dirigeant enlève à cette organisation sa *spontanéité* et sa *fécondité*.

Cette organisation du clergé peut arriver, comme cela se rencontre souvent au sein des Eglises d'Orient, à placer le chef ecclésiastique ou l'évêque, dans un monastère où il réside.

Si dans une Eglise non régie par le concordat, (qui aurait été dénoncé par l'Etat), les évêques, privés du palais épiscopal fourni par l'Etat, allaient habiter, à leur choix, au milieu de telle ou telle congrégation religieuse, peut-être parfois chez les jésuites, il n'est pas difficile de prévoir combien de réclamations surgiraient parmi ceux qui auraient le plus vivement souhaité d'abord la dénonciation de la convention avec le Saint-Siège. Laissons aux Eglises d'Orient leurs usages mais avant de les rendre possibles et, qui sait ? inévitables chez nous, par suite de modifications non réfléchies, voyons si ces usages nous conviennent et nous seront profitables.

Les Orientaux ont admis le mariage du prêtre. La plus sûre barrière qui s'opposera au mariage du prêtre catholique en France, *et qui s'y est opposée dans le passé, depuis la Révolution ou avant la Révolution*, c'est le concordat, ou ce sont les concordats, tant écrits en forme de pactes synallagmatiques, qu'existant dans les faits et les tendances.

La doctrine (que la jurisprudence est venue confirmer

depuis) permet aujourd'hui, en France, le mariage civil au prêtre français catholique, et, par voie de conséquence, aux évêques. Mais elle n'ose pas accorder qu'après le mariage le prêtre est demeuré dans les rangs du clergé catholique : c'est la seule réserve faite. Sans le concordat, la réserve de la doctrine perd sa valeur.

Deux clergés peuvent exister en face l'un de l'autre, celui-ci marié, celui-là non, le dernier pouvant, à tout instant, rompre le célibat.

Or, qu'il y ait cinq ou six prêtres mariés en France, c'est un scandale et non un danger ; mais le fait qui serait un danger plus grand pourrait surgir, si le concordat n'était une entrave. Un souffle mauvais peut, à certaines heures, déchaîner les tempêtes.

Le célibat du prêtre catholique est nécessaire à l'idéal sublime de la religion qu'il enseigne ; il est nécessaire comme source de dévouement, comme inspiration première de l'admirable charité chrétienne répondant à toutes les misères humaines, charité qui est l'une des plus pures gloires du siècle présent et des siècles antérieurs ; il est nécessaire aux catholiques et à l'état de nos sociétés. pour la confession telle qu'elle est pratiquée chez les catholiques, ou pour que la confession puisse guérir les souffrances morales, les douleurs morales, prévenir la folie, le suicide. La vie catholique ne subsisterait pas dans les sociétés catholiques sans le célibat du prêtre. Là-dessus, comme sur tout le reste, l'ordre de choses en l'Eglise et dans la société est maintenu, affermi par le concordat.

Voilà ce que nous appelons les *résultats concordataires*, qui ne sont autres que l'affermissement de la société chrétienne ou mieux catholique, affermissement produit, à l'aide du temps, par la succession des faits concordataires

de l'histoire. Ainsi se vérifie ce que disait Lehuerou (*Ins-*
titutions méroving. p. 239) : « Le christianisme a été pour
tout (il ne dit pas : pour beaucoup) dans la constitution
et la durée des sociétés modernes. »

42. Nous n'entendons faire acte, ni de cléricalisme mili-
tant ni de catholicisme politique, lorsque nous essayons
de *coordonner l'histoire* et de montrer dans chaque époque nouvelle la *conséquence des précédents historiques.*
Notre travail (la présente introduction et les leçons qui
suivent, ou, en d'autres termes, notre livre) doit être principalement *suggestif* et ouvrir pour les jurisconsultes,
comme pour les hommes politiques, le champ des *inves-*
tigations plus amples. Il ne nous paraît pas bon de laisser *prévaloir les appréciations de courte vue* dans un
sujet important et vital.

Notre but est de provoquer l'étude attentive des enchaî-
nements complexes et des lentes élaborations de l'histoire.

Nous présentons, en un mot, le concordat de 1801
comme un fait scientifique et historique, fruit inévitable
d'une genèse séculaire.

Nous avons ouvert dans la chaire du professeur (avec
toutes les réserves ou les ménagements que réclamaient
cette chaire et notre auditoire) *une grande école, que le*
livre fera connaître au public et, peut-être, à la « grande
démocratie française. »

Cette démocratie française a beaucoup à faire, dit M.
Baudrillart, pour *s'instruire,* comme pour s'améliorer et
pour améliorer, d'autre part, le sol national. « Mais supé-
» rieure à ce qu'elle était dans le passé, elle a marqué de-
» puis 1789 chaque quart de siècle par des progrès qui,
» malgré les épreuves qu'elle traverse, sont de bon au-

» gure pour l'avenir. » Notre classe rurale elle-même peut se faire honneur des qualités de travail et d'économie qui la distinguent à un rare degré. Le progrès matériel accompli est considérable... »

Cependant, M. Baudrillart pose cette question : Pouvons-nous en dire autant du progrès moral ? « L'instruc-» tion primaire est dans une voie satisfaisante : l'éduca-» tion morale est loin de marcher de pair avec elle. » Et il compte peu, pour opérer cette éducation morale, sur quelques éléments de morale civique inscrits au programme de l'enseignement primaire, encore moins « sur » la lecture du journal, qui se répand dans nos campa-» gnes, ou sur l'exercice, même fréquent, du suffrage » universel. » Si M. Baudrillart ne le dit pas expressément, il permet de conclure cette nécessité que nous affirmons, de rejeter les appréciations de courte vue, de rechercher les investigations plus amples, de coordonner l'histoire, d'étudier les lentes élaborations de l'histoire.

LEÇONS[1]
SUR LE CONCORDAT

PROFESSÉES A LA FACULTÉ DE DROIT DE DOUAI,
EN 1885-86

DROIT PUBLIC & DROIT ADMINISTRATIF

PREMIÈRE LEÇON

Sommaire :

§ 1er.

1. Quel est le nom usuel du Concordat ?
2. Sa définition philosophique basée sur l'histoire (Vuillefroy).
3. Idée de l'autonomie modérée. — Difficultés qu'elle rencontre : Orient et Occident.
4. Les concordats sont-ils la fin de toute autonomie modérée et la négation des droits résultant de l'existence historique de l'Eglise au sein d'une nation ?
5. La vie de l'Eglise est compatible avec une action de la papauté tantôt plus restreinte, et tantôt plus étendue.
6. Double négation du droit historique, non admissible.
7. Légitimité de formation du droit historique, et, par suite, légitimité du droit concordataire : les légalités successives sont légitimes.

---

1. Les Leçons sont, autant que possible, la reproduction du Cours. Mais les exigences du livre sont différentes de celles d'un Cours, et réciproquement. Ce qui devait être abrégé pour les auditeurs doit être cité *in extenso* pour les lecteurs, afin de les dispenser de chercher ailleurs le document dont il est parlé. Au contraire, tels developpements qui enlevaient à certaines parties du Cours leur aridité doivent être supprimés pour ne pas grossir démesurément le livre. Quoi qu'il en soit, nos auditeurs d'autrefois reconnaîtront parfaitement l'enseignement qu'ils avaient honoré de leur présence à un temps antérieur.

§ 2°.

8. La perpétuité du droit civil-ecclésiastique constatée par Merlin,
— Appréciation de M. Thiers, au point de vue historique.
9. Discussion des opinions de l'abbé Grégoire, en vue de déterminer
la véritable position de la question.
10. Le concordat de 1801 est une transaction entre deux droits, comme
entre deux pouvoirs.
11. Citations de Portalis.
12. Arrêté du représentant du peuple Lequinio.

§ 3°.

13. Exposé du système métropolitain, ou Note additionnelle.
14. Appendice : Concordat de 1801 et loi de germinal an X.

Monsieur le Doyen [1],

Messieurs,

§ 1er.

Nos jurisconsultes antérieurs à la révolution ont appelé « Concordat français » la convention conclue à Bologne, en 1516 entre François Ier et le pape Léon X. Vous
trouverez cette dénomination conservée, pour ce même
acte, dans le *Répertoire* de Merlin. On le distingue alors
du « Concordat germanique » de l'an 1448, arrêté entre
le pape Nicolas V, l'empereur Frédéric III, dit le Pacifi-
que, et les princes allemands.
Le concordat signé à Paris le 15 juillet 1801 (26 mes-

---

1. M. Daniel de Folleville, qui poussait la bienveillance jusqu'à
se faire l'auditeur le plus assidu.

ïidor an IX), dont les ratifications furent échangées le
10 septembre 1801 (23 fructidor an IX), promulgué ensuite par décret du 8 avril 1802 (18 germinal an X), est
désigné par l'une ou l'autre de ces dates, dans les différents auteurs. Bien qu'il soit aussi le Concordat français,
on ne le désigne pas sous ce nom. C'est tantôt le Concordat de 1801, le concordat de 1802, tantôt le Concordat
de messidor an IX. Du reste, aucune confusion n'est possible.

Vuillefroy, dans son *Traité de l'administration du
culte catholique*, a donné pour le Concordat, non pas
une définition de mot, mais une définition de chose, qui
mérite d'être notée. D'après lui, les expressions de pragmatiques et de concordats indiqueraient les phases distinctes et successives des vicissitudes de l'Eglise de France
depuis son origine.

Dans l'époque des pragmatiques, dont les plus remar-
quées sont, l'une attribuée à saint Louis et l'autre publiée par Charles VII, l'Eglise gallicane reconnaît assurément la primauté spirituelle du pape. Mais elle a, en
même temps, une existence individuelle qui paraît plus
saisissable, et qu'elle ne conservera plus dans la suite au
même degré : une existence, à la fois temporelle et hié-
rarchique, qui n'est pas l'indépendance, sans doute, et
qui cependant, jusqu'à certain point, dans une mesure
restreinte, rappelle des idées d'autonomie.

Plus tard, l'exagération de ces idées pourra être portée
fort loin, sous la qualification de *Libertés de l'Eglise
gallicane.*

L'Eglise gallicane paraît se suffire à elle-même, pour
ainsi dire ; elle dispose de ses sièges épiscopaux, elle élit

ses pasteurs, elle les institue par les mains de ses métropolitains ; elle règle par ses conciles les conditions de sa vie interne, avec l'assentiment et l'appui de l'autorité royale.

Là est, d'ailleurs, le danger : dans la même proportion où se produit l'affranchissement à l'égard de Rome, l'Eglise se trouve exposée au danger de l'asservissement à l'égard de la royauté.

Théoriquement, nous pouvons concevoir une Eglise de France n'allant pas jusqu'au schisme, dans lequel les Eglises d'Orient sont tombées ; mais conservant, comme le font ces Eglises, la plus grande somme possible de leurs traditions antiques et de leurs formes primitives, de leurs libertés, si l'on préfère ce mot, bornant à peu près toute sa discipline aux plus anciens canons.

L'Orient ne s'est pas bien trouvé, il est vrai, de sa persévérance dans cette voie, où l'engageaient l'opposition native des races grecques et des races latines, l'esprit de subtilité, les divergences des intérêts politiques et des civilisations.

En présence de l'Orient demeuré stationnaire, l'action si puissante de la papauté a entraîné l'Occident dans la marche indéfiniment ascendante des progrès matériels, scientifiques, littéraires, artistiques et autres. La papauté a fait l'Occident tel qu'il est, parce qu'elle a vécu de la vie de l'Occident et l'histoire de l'Occident est son histoire. L'Orient a gardé son immobilité, en rejetant l'action de la papauté.

Mais, encore une fois, on peut imaginer spéculativement une histoire du passé qui, sans le schisme, ou même sans la résistance, eût maintenu plus de vie propre dans l'Eglise gallicane.

Nos rois n'ont pas voulu le schisme. Ils ont accepté souvent la résistance.

Les universités et les parlements ont employé tous leurs efforts en faveur de l'établissement ou du maintien d'une autonomie modérée. Toutefois, la modération leur a échappé plus d'une fois, hélas !

L'action de la papauté peut être restreinte, sans que la vie cesse dans l'Eglise. A certaines époques historiques, les gouvernants, les chefs des sociétés temporelles peuvent croire que cette action restreinte est plus conforme aux besoins des gouvernés. C'est à leurs risques et périls qu'ils porteront ce jugement. Il y a alors autonomie modérée, peut-être.

Mais, dans la vérité et la sincérité de l'institution, la papauté, *absque ruga et macula*, doit resplendir d'une éternelle jeunesse et, par elle, doit circuler la vie, tant dans l'Eglise que dans les sociétés civiles. Elle aussi, s'avance à ses risques et périls à travers l'histoire et ses contingences.

Dans la période des concordats, qui succède à celle des pragmatiques, logiquement et historiquement (Vuillefroy, *loc. cit.*), l'Eglise gallicane, a-t-on dit, n'est plus rien par elle-même : les évêques sont nommés par les rois ; ils sont institués par les papes ; les papes seuls représentent l'Eglise de France ; ils la personnifient ; ils traitent directement pour elle de ses intérêts avec l'autorité royale.

Le plus grand changement concordataire est de *faire disparaître l'Eglise gallicane, pour ne laisser que des évêques dépendants de Rome, au lieu et place des évêques soumis à Rome* et s'appuyant, dans une certaine mesure, sur la royauté.

Est-ce bien exact ?

Nous sommes convaincu qu'il y a ici des erreurs d'appréciation, erreurs par exagération.

Nous sommes pleinement persuadé que les transformations sont conformes aux principes *plus vrais* de gouvernement, qu'elles sont légitimes, qu'elles sont avantageuses pour l'humanité et spécialement pour la France. Nous ne voulons pas glorifier les faits accomplis, parce qu'ils sont les faits accomplis ; mais nous espérons les expliquer.

Jamais, à aucune époque, la papauté n'a entendu nier les droits résultant de l'existence historique de l'Eglise au sein d'une nation. L'une de ses plus constantes préoccupations, au contraire, est le maintien du droit historique, et toute sa conduite envers les Eglises d'Orient en est la preuve. *Nihil innovetur*, c'est l'une des règles de sa politique.

On peut nier le droit historique en deux sens différents, et non fondés. 1° On peut dire que les concordats ont fait table rase de tout le droit ancien : nous exposerons ce point de vue, sans l'approuver. 2° On peut prétendre que toute évolution du droit est interdite et que le droit ancien, ou le plus ancien est le seul ayant autorité. Erreur par ici, erreur par là !

L'auteur du *Code matrimonial* (ou recueil de toutes les lois canoniques et civiles de France, etc. Paris, 1770, in-4°), énumère les sources du droit auquel il entend se référer. Et à cette occasion, il dit que l'Eglise gallicane n'a pas reçu indifféremment tous canons et épîtres décrétales, se tenant principalement à ce qui est contenu en l'ancienne collection appelée *Corpus canonum* ; qu'ainsi la première source du droit français est l'ancienne collection composée par Denis le Petit, vers la fin du v⁰ siècle, et suivie en France depuis qu'elle eût été rapportée par Charlemagne, à qui le pape Adrien l'avait donnée ; qu'il y faut joindre les conciles généraux et les conciles nationaux ou provinciaux reçus en France ; mais que le Décret de Gratien et les Décrétales, composant ce que l'on appelle le droit canonique, seront dénommés plus justement le *Corps de droit du pape*, non le *Corps de droit de l'Eglise*, selon l'expression de d'Aguesseau (1ʳᵉ Instr. à son fils); que ces décrétales, suivant le Guerchois, (Recueil de Normandie, t. I, p. 33) ne sont pas canons pour nous, mais constitutions particulières des papes.

Voilà bien la négation de la légitimité d'une évolution historique du droit. Erreur, dirons-nous encore !

Ce langage sera conforme, si l'on veut, aux principes vrais, et fondés sur l'antiquité, qui peuvent suffire à une Eglise soit Copte, soit Maronite.

Le droit formulé par les papes, en leurs décrétales, pendant une série de siècles et pour répondre aux besoins de la vie des peuples, en Occident, durant le cours de ces mêmes siècles, pourra être, en effet, pour telle ou telle Eglise orientale, l'expression d'un droit *particulier*, qu'elle respecte sans le suivre.

Le droit, basé sur l'antiquité, est suffisant, peut-être, à la vie religieuse de quelques groupes orientaux au milieu desquels la vie politique et la vie religieuse active sommeillent. Il a un défaut toutefois, c'est de correspondre à une vérité restreinte.

La transformation légitime conforme aux principes plus vrais du gouvernement de l'Eglise nous fait assister, non pas aux empiètements de la papauté, mais au développement d'une institution, qui n'a pas atteint toute sa grandeur dès le premier jour, et qui, néanmoins, contenait en elle-même, virtuellement, tout ce qui est sorti d'elle comme cause, étant donné l'état social traversé par elle, c'est-à-dire étant donnée l'histoire telle que nous la connaissons.

Il a été avantageux pour l'humanité et avantageux pour la France qu'il en fût ainsi. Car, la papauté a accompli de grandes choses dans le monde par la France. Dirons-nous que le génie anglo-saxon, ou scandinave, ou germain, ou espagnol, mis au service de l'Eglise, ait exercé une influence pareille à celle du génie français, au point de vue civilisateur ou religieux ? Non ; mais l'action catholique a été surtout l'action de la France, sur tous les points du globe, et cette action était unie à la papauté.

Dans tout ce qui précède vous avez parfaitement saisi, Messieurs, la nature des problèmes élevés qui s'imposent à nos recherches sur les diverses légalités civiles ecclésiastiques ou sur les phases successives de légalité, soit que l'on parle des pragmatiques ou des concordats. Les pragmatiques ont été la légalité civile religieuse pour un temps. Cette légalité a été recouverte par les alluvions du droit et de l'histoire.

Nous vivons à l'heure présente sous le régime concordataire, et nous sommes loin d'avoir contre ce régime quelque répugnance d'esprit ou quelque répugnance scientifique. Nous ne nous laissons pas émouvoir scientifiquement par les appels à la pure antiquité ; nous ne nous sentons pas ébranlé par les reproches d'empiètements adressés à la papauté. L'Eglise est une institution *vivante et agissante* ; la papauté est *vivante et agissante* : nous ne pouvons refuser à la vie de produire ses conséquences nécessaires, malgré notre respect pour l'antiquité.

Toutefois, il a été parlé d'erreurs d'appréciation, en fait, et par exagération. L'exagération est inséparable de l'existence des partis, vous le savez. Or, la lutte a été perpétuelle *et n'est pas close* sur les questions que nous étudions.

Nous n'avons donc que des appréciations de partis, et peu ou point de calme appréciation juridique. Il faut *retrouver le droit sous la lutte*. Le procès est pendant. Il ne s'agit point de Numa, de ses pontifes ou des vestales. Nous aurions l'esprit plus libre, et nous serions plus désintéressés. Mais vous avez au moins l'amour du vrai, l'amour de la science, et c'est déjà presque l'impartialité.

§ 2.

Le Concordat de François Ier, dit Merlin, *Rep.*, v° Concordat, aussitôt qu'il fut rendu public, excita les réclamations de tous les ordres du royaume ; ce fut : « une semence d'hérésie et de simonie, le fléau de l'Etat, la ruine de toute science, de toute piété, de toute vertu ; » le parlement refusa, durant deux ans, de l'enregistrer, ne l'enregistra que par ordre, déclara qu'il continuerait à rendre ses jugements d'après la pragmatique et continua, en effet.

Le consentement des grands et de la nation avait imprimé à la Pragmatique un caractère bien difficile à effacer, et elle était chère à la France. Mais il faut reconnaître que nos libertés étaient restées intactes par le Concordat ds François I°, ; que tout ce qu'il y avait d'intéressant dans la pragmatique sanction sur les procès ecclésiastiques, sur la possession triennale, les excommunications et les interdits, a été inséré dans le Concordat de François I°r ; qu'à beaucoup d'égards les changements apportés n'out point été aussi funestes à l'Eglise Gallicane que les ennemis du Concordat de 1516 l'ont prétendu dans l'origine.

Cette remarque sensée de Merlin n'a rien perdu de sa valeur, si on l'applique au Concordat de 1801.

Le Concordat de 1801 n'est pas une suppression de tout ce qui a existé avant sa date. Cette convention n'a pas mis à néant tous les précédents. La loi civile-ecclésiastique ne peut être étudiée complètement dans le texte de 1801, qui serait exclusif de tout autre.

Les divers changements législatifs, survenus en matière civile-ecclésiastique *résultent plus encore de l'établissement de l'ordre de choses nouveau* que du texte du Concordat de 1801.

Cette remarque est importante, et elle est si vraie, que les Articles Organiques du Concordat, ou la loi du 18 germinal an X, renvoient expressément aux *anciens* canons reçus en France, comme nous le verrons plus tard.

Nous n'admettons pas que tout l'ancien « établissement ecclésiastique » en France ait disparu, vous le voyez.

Cependant, il a été mis fin à quelque chose :

Thiers, *Hist. du Consulat et de l'Emp.*, liv. XII, trace le tableau de la situation à laquelle le Concordat de 1801 mit fin, ainsi qu'il suit :

« Il avait existé sous l'ancienne monarchie, un clergé

puissant, en possession d'une grande partie du sol, ne supportant aucune des charges publiques, [erroné], faisant seulement, quand il lui plaisait, des dons volontaires au trésor royal, constitué en pouvoir politique... La Révolution avait emporté le clergé avec sa fortune, son influence et ses privilèges... Il était impossible qu'elle fît autrement. Un clergé propriétaire, et constitué en pouvoir politique pouvait convenir dans la société du moyen-âge, être utile alors à la civilisation; mais il était inadmissible au xviiie siècle. L'Assemblée Constituante avait bien fait de l'abolir, et de mettre à sa place un clergé voué uniquement aux fonctions du culte, étranger aux délibérations de l'Etat, salarié au lieu d'être propriétaire... »

L'Assemblée Constituante, avait donc renversé *la constitution en un pouvoir politique privilégié*, de l'ancien « établissement ecclésiastique. »

Elle avait ensuite projeté d'en former un nouveau qui serait un *retour au temps de la primitive Eglise.*

C'étaient des « esprits étroits, par conséquent fort dangereux dans les affaires humaines, » dit M. Thiers, qui tentaient de ramener ainsi l'Eglise, par la violence, à un ordre de choses déclaré antique, sans l'assentiment préalable du chef de l'Eglise.

On eut un clergé constitutionnel, seul admis à exercer les fonctions du culte, et un autre clergé, qui fut bientôt proscrit.

La persécution sanglante prit fin sous le Directoire. Le premier consul cessa d'exiger le serment imposé à la conscience du prêtre et se contenta d'une simple promesse de soumission aux lois, qui permit à bon nombre d'ecclésiastiques, ou de rentrer en France, ou de se montrer, s'ils n'étaient pas sortis. La division ne fut que plus grande.

Nous suivons toujours M. Thiers :

Il y eut : 1° un clergé constitutionnel, ayant fait le serment, qui reconnaissait à la tête de la hiérarchie des évêques constitutionnels sans crédit moral, parmi lesquels plusieurs anciens clubistes, violents et sans mœurs ; puis, 2° un clergé orthodoxe ayant fait la promesse de soumission et 3° un autre qui omettait cette promesse, — ces deux dernières classes obéissant soit à des évêques dans l'exil, représentés par des grands vicaires cachés et ignorés du gouvernement, soit à des administrateurs, également cachés et ignorés, dont les pouvoirs venaient directement de Rome.

Le retour à la primitive Eglise avait été un leurre et l'établissement ecclésiastique tout entier *paraissait* mis à néant. Ce n'était, néanmoins, qu'une apparence.

Quand le concordat de 1801 fut signé, il renversa, sans lui faire l'honneur de le nommer, l'établissement ecclésiastique constitutionnel, dûment convaincu de n'être pas né viable. Il rendit à l'Eglise catholique la vie extérieure du culte public libre. Mais cette Eglise n'avait pas cessé d'exister, avec son droit propre que, sans doute, il y aurait nécessité d'harmoniser avec le nouveau droit civil et avec le nouveau droit politique.

C'est ce qui devait s'accomplir sans qu'il fût porté atteinte par cette accommodation avec le nouveau droit, ou qu'il eût été porté atteinte par les faits révolutionnaires à la *donnée juridique fondamentale de la perpétuité du droit civil-ecclésiastique et de son développement légitime.*

La constitution civile du clergé, pour remonter à la

primitive Eglise, niait tout le droit historique d'une série de siècles, et c'est là, pour ses auteurs, la seule accommodation du droit ecclésiastique qui devait le rendre conforme au droit français nouveau. On prétendait réédifier toutes choses sur des abstractions de droit.

L'abbé Grégoire, dans son *Essai historique*, Paris 1820, p. 224, fait cette remarque relativement au Concordat : « Les fidèles savaient qu'au milieu des tourmentes de la persécution, ils n'avaient pas été privés des secours essentiels de la religion. »

C'est-à-dire que l'Eglise, comme personne ne l'ignorait, n'avait pas cessé de subsister en France. Et il part de là pour contester l'exactitude des louanges décernées au « héros » qui avait « ouvert les temples et relevé les autels. »

Mais les autels restés debout, c'était, en principe, le droit historique civil-ecclésiastique resté debout. L'établissement ecclésiastique ancien n'avait pas péri tout entier [1].

---

1. Les paroles de Grégoire pourraient être entendues ainsi : Il y avait mensonge officiel dans les éloges décernés au premier consul, puisque nous étions là, c'est-à-dire le clergé constitutionnel, et il était impudent d'affirmer que la religion n'existait plus.

Mais, 1° Grégoire, fort au courant de la situation religieuse, savait aussi que l'Eglise ancienne, non constitutionnelle était bien vivante, et 2° il avait cette prétention que le clergé constitutionnel continuait, en renonçant à certains abus du passé, l'établissement ecclésiastique ancien. Ce qu'il repousse, c'est *l'idée de table rase* faite en France, et il a raison.

Personnellement, il a été du nombre de ceux qui voulaient continuer le passé en l'accommodant suivant les inspirations de la Constitution civile. Le premier consul a voulu continuer le passé en l'accommodant à *son* Concordat ; mais il ne reniait, en matière de droit civil ecclésiastique ni « Charlemagne, son prédécesseur, » ni Louis XIV.

Du reste, l'abbé Grégoire, l'ancien évêque constitutionnel de Blois, qui refuse à Napoléon la gloire d'avoir « relevé les autels, » est surtout hostile au Concordat parce qu'il a ruiné l'établissement civil-ecclésiastique *constitution-nel*. Il nous fera entendre les réclamations de son parti, qui n'eurent point d'écho. Voici comment il s'exprime :

« Pendant douze siècles, l'Eglise catholique a existé sans concordat ; elle avait, pour diriger son gouvernement, les traditions apostoliques et les règles canoniques ; les quatre premiers conciles œcuméniques étaient respectés à l'égal des quatre évangiles. Le pape saint Léon parlant de celui de Nicée dit que ses décisions, inspirées par l'Esprit-Saint, ont été consacrées par l'assentiment et la vénération générale ; qu'elles doivent être immuables... Le canon 4e a statué de la manière la plus claire sur l'institution des évêques ... Les formes hiérarchiques étant bien déterminées, pourquoi des concordats ?... »

Ainsi parle Grégoire qui voit, avant tout, dans le concordat de 1801, la ruine des évêques constitutionnels et de l'établissement ecclésiastique constitutionnel, mais qui ne peut refuser au concordat de 1801 le caractère de transaction entre 1° le droit nouveau, civil et politique, et 2° le droit civil-ecclésiastique antérieur à la Révolution, c'est-à-dire *la survivance, en principe de quelques-unes des parties de ce droit antérieur*. Car, telle est la conséquence forcée de l'idée de transaction.

Nous refusons à la société civile la qualité juridiquement suffisante pour ressaisir *de plano* l'organisation de la primitive Eglise le jour où bon lui semble (Voy. nos *Rapports du sacerdoce*, t. II, p. 465, n° 458). C'est ce que voudrait l'abbé Grégoire.

Nous soutenons, contre l'abbé Grégoire, que l'établissement constitutionnel civil-ecclésiastique n'était pas né viable; mais, avec lui, que les fidèles considéraient l'Eglise comme subsistante et ayant uniquement besoin de rétablir un *modus vivendi* extérieur conforme au nouvel état de choses.

Et ce *modus vivendi* extérieur ne pouvait faire que l'Eglise gallicane ancienne ne fût plus rien, en vertu précisément de l'acte qui lui rendait légalement l'exercice public du culte [1].

Dans sa nature, et dans sa notion la plus générale, veuillez noter ceci et le retenir, le concordat de 1801 est bien véritablement une *transaction* entre deux droits subsistants, dont l'un était légalement contraint à se cacher, mais vivait d'une puissante réalité dans les consciences.

Cette transaction entre deux droits contemporains est conclue avec exclusion du droit le plus ancien dans l'Eglise, devant être ressaisi *de plano;* mais non avec exclusion du droit historique et de son développement légitime.

Cette transaction reconnaît le progrès par l'action de la papauté, avec d'autant plus de raison que l'évolution des sociétés chrétiennes sous l'action des papes a été principalement l'œuvre de la France ou le résultat de l'influence du génie français au point de vue civilisateur et religieux.

---

1. Dans notre traité du *Mariage civil du prêtre,* publié avant les présentes Leçons (qui cependant sont antérieures en date), nous affirmons (1re part., ch. 17, p. 61), que les lois révolutionnaires formant notre droit intermédiaire en matière de Droit civil ecclésiastique, n'ont d'autre valeur que celle d'une *interruption* de légalité.

Cette transaction entre deux droits est aussi une transaction entre deux pouvoirs. Nous le dirons dans la prochaine leçon.

Portalis, conseiller d'Etat, chargé des affaires concernant les cultes, s'est exprimé ainsi dans son rapport au conseil d'Etat sur les articles organiques de la convention du 26 messidor an IX : « On n'a plus à craindre aujourd'hui les systèmes ultramontains et les excès qui ont pu en être la suite ; nous devons être rassurés contre les désordres auxquels les lumières, la philosophie et *l'état présent de toutes choses* opposent des obstacles insurmontables. »

Voilà l'affirmation du droit nouveau, sûr de lui-même, et désormais en possession de diriger la société.

Il ajoute un peu plus loin, qu'il s'agit donc de déterminer, dans l'état nouveau du droit, « les rapports essentiels qui existent entre le gouvernement de l'Etat et l'exercice du culte. »

Voilà l'idée de transaction.

Dans son Discours au Corps législatif et *Exposé de motifs*, lu à la séance du 15 germinal an X, le même Portalis dit : « Il faut, sans doute, se défendre contre le danger des opinions ultramontaines, mais l'indépendance de la France catholique n'est-elle pas garantie par le précieux dépôt de nos anciennes libertés. » C'est l'énoncé fort clair, quand l'établissement ecclésiastique antérieur à la Révolution a péri, de la persistance du droit antérieur, au nom duquel se fera la transaction, et qui doit s'y prêter d'autant plus volontiers qu'il a gardé *le dépôt de nos libertés.*

Ce droit antérieur apparaît comme séparable de l'ancien établissement ecclésiastique, qui l'avait abrité.

« Le rétablissement de la paix religieuse, ajoute Portalis, dans ce même Exposé, était le grand objet, et il suffisait de *combiner les moyens de ce rétablissement* avec la police de l'Etat et les droits de l'empire. »

La nécessité de la transaction était donc manifeste : « J'observe que tout système de persécution serait évidemment incompatible avec l'état actuel de la France, » dit Portalis.

Et cependant, on le savait, la persécution était sortie de la proclamation même de la liberté des cultes :

« Toutes nos assemblées nationales ont décrété la liberté des cultes. » Telle est la première phrase du Rapport ou Exposé.

Nous vous mettons sous les yeux une pièce officielle qui commente cette liberté révolutionnaire (Voir *Cabinet historique*, t. XI, p. 379).

Une simple citation suffit :

« Art. 1. Afin que la liberté des cultes existe dans toute sa plénitude, *il est défendu* à qui que ce soit de prêcher ou écrire pour favoriser quelque culte ou opinion religieuse que ce puisse être ; celui qui se rendra coupable de ce *délit*, sera arrêté à l'instant, traité comme ennemi de la constitution républicaine, conspirateur contre la liberté française, et livré au tribunal révolutionnaire établi à Rochefort...

» Art. 5. Attendu l'habitude de mentir dont les ci-devant ministres des cultes s'étaient fait un devoir, et l'impossibilité qu'ils ne mêlent pas à leurs discours, leurs

principes superstitieux et perfides, il est expressément
defendu à tout ministre ou ci-devant ministre de quelque
culte que ce soit, de prêcher, écrire ou enseigner la *morale*, sous peine d'être regardé comme suspect, et comme
tel mis à l'instant en état d'arrestation.

» Art. 6. Les comités de surveillance, les officiers municipaux et les administrateurs de district et de département, sont tous expressément, et, subsidiairement les
uns aux autres, chargés de l'exécution du présent.

» A Saintes, ce 1er nivôse de l'an second de la République française, une et indivisible.

> » LEQUINIO, représentant du peuple.
> » CHEVALIER, secrétaire. »

Nous n'ajoutons rien après un pareil document. Lequinio fut l'un de ceux qui instituèrent des tribunaux révolutionnaires, *fonctionnant sous ses ordres* dans les départements.

Il dédaignait la guillotine, comme trop lente et exigeant
des apprêts.

Il *requérait* des soldats pour fusiller ses victimes

§ 3.

Une note additionnelle ajoutée à la présente leçon lui
apportera un éclaircissement notable :

Le régime antérieur aux concordats de 1801 et de
1516, ce régime que les Pragmatiques avaient eu pour but
principal, à ce qu'il semble, d'affermir, et que la constitution civile du clergé voulait faire revivre, mais qui
fut condamné définitivement à l'oubli, par suite du Con-

cordat de 1801, est qualifié par l'abbé Grégoire, dans son *Essai historique,* du nom de « régime métropolitain. » Il faisait partie intégrante de cette existence individuelle de l'Eglise de France et de cette quasi-autouomie dont nous avons parlé.

C'est Grégoire qui l'a le mieux caractérisé. Nous résumons d'après lui le système ou régime métropolitain :

Depuis le temps de son antique rivalité avec Rome, Carthage n'a ressaisi une influence sur la marche du monde qu'à l'époque des premiers siècles de l'Eglise, et par l'Eglise. L'Afrique chrétienne eut une période de véritable grandeur, malheureusement trop courte.

L'Afrique chrétienne eut ses tendances propres, différentes des tendances orientales. Elle appartint à l'Occident. Mais dans cet Occident où elle n'apporta point des dissidences, elle apporta ce que nous appellerions aujourd'hui des *nuances.* Nous continuons en citant maintenant textuellement :

« L'Eglise d'Afrique (p. 45), sut maintenir avec fermeté ses règles primitives. Elle créait des diocèses et sacrait ses évêques sans aucune permission de Rome[1]. Par le canon vingt-sept du IVe concile de Carthage, elle statue que le concile provincial doit décider si des translations sont utiles ou non.

» Quoique liée de communion, p. 46, avec le pape, l'Eglise d'Afrique condamnait les appels transmarins. Fidèle aux décrets des conciles de Nicée, Constantinople

---

1. Innocent III soutient que, de droit divin, au pape seul appartient ce pouvoir, et Bellarmin, pour expliquer les faits, distingue entre la juridiction *ordinaire* que Pierre seul avait reçue et la juridiction *extraordinaire,* non transmissible, dans les autres apôtres.

et Chalcédoine, qui avaient statué, avec tant de sagesse, que les difficultés d'administration ecclésiastique sur les choses et les personnes seraient terminées dans la province, l'Eglise d'Afrique avait reproduit ces règles dans les canons de Milève et de Carthage (Milev. can. 2.) En admettant que les causes pouvaient être portées par appel au concile métropolitain ou au concile plénier, elle avait menacé d'excommunication quiconque appellerait au delà des mers.

» Mathieu Larroque, p. 51, Christian Thomasius et le P. Canciani appellent l'attention sur la conformité de la discipline entre l'Eglise d'Afrique et celle des Gaules, à laquelle elle servit de modèle (Christ. Thomasius, *Historia juris ecclesiast.* Hale, 1719 ; Canciani, *Barbarorum leges antiquæ*, Venise 1784 ; Math. Larroque, *Adversarium sacrorum*, 1688, Lugd. Batav., t. II, p. 278 et s.) Cette conformité se montre dans les dispositions de nos conciles (entre autres du second de Mâcon, can. 6), empruntées de ceux d'Afrique, et par un grand nombre de faits.

» Ainsi, dans l'affaire de Contumeliosus, évêque de Riez, saint Césaire d'Arles compare les canons de l'Eglise d'Afrique à ceux de Nicée, et veut qu'on ait pour tous une égale vénération. Saint Remi établit un évêque à Laon, en s'appuyant sur l'autorité des conciles d'Afrique. Hincmar de Reims, qui nous le dit, exige, d'après les décrets de Carthage, que, pour être promu à l'épiscopat, l'élu soit examiné par les évêques (*in opusculo* 55.)

» Dans la discussion relative à la déposition d'Ebbon, archevêque de Reims, les canons des conciles d'Afrique firent autorité (Flodoard, liv. II, ch. 20.) Au concile de cette ville, en 991, à des lettres apocryphes d'anciens papes, on opposa la discipline d'Afrique, qui statue que les causes des évêques seront jugées dans la province ecclésiastique, » (Boileau, *de Antiquis et majoribus epis-coporum causis*, Liège 1678, ch. 54, p. 384.)

C'est ce que nous avions appelé, au commencement de notre leçon, une « autonomie modérée. »

Si séduisante qu'elle puisse être en théorie, ou même fondée *en droit le plus ancien,* un autre système de gouvernement a prévalu, quand les besoins de temps différents ont nécessité, pour le salut de la société civile et religieuse, l'entier développement du principe d'autorité existant en l'Eglise.

Nous pouvons reconnaître qu'il y a eu abandon d'un *modus vivendi* antérieur. Nous pourrions constater d'autre part, que ce *modus vivendi* a laissé des souvenirs ou des regrets longtemps subsistant, sous le régime des Concordats. Ces souvenirs ont été, d'ailleurs, le plus souvent mal compris : ils se retrouvaient, inexpliqués, dans les *aspirations* vagues de la Constitution civile.

La royauté avait soutenu *pro viribus* l'ancien *modus vivendi,* protégé par les fortes Bastilles des Pragmatiques. La royauté maintint force et vigueur aux Concordats, avec une énergie non moindre.

APPENDICE [1]

CONCORDAT DE 1801 & LOI ORGANIQUE
18 germinal an X (8 avril 1802.)

Loi relative à l'organisation des cultes.

Au nom du peuple français, Bonaparte, premier consul, proclame *loi de la République* le décret suivant, rendu par le Corps législatif, le 18 germinal an X, conformément à la proposition faite par le gouvernement, le 15 dudit mois, communiquée au tribunat le même jour.

DÉCRET :

La convention passée à Paris, le 26 messidor an IX, entre le pape et le gouvernement français, et dont les ratifications ont été échangées à Paris le 23 fructidor an IX (10 septembre 1801), ensemble les articles organiques de ladite convention, les articles organiques des cultes protestants dont la teneur suit, seront promulguées et exécutées comme des *lois de la République.*

CONVENTION *entre le gouvernement francais et Sa Sainteté Pie VII, échangée le 23 fructidor an IX (10 septembre 1801.)*

Le premier consul de la République française et sa Sainteté le souverain Pontife Pie VII, ont nommé pour leurs plénipotentiaires respectifs : le premier consul, les citoyens Joseph Bonaparte,

1. Les codes Tripier, complétés par les Lois usuelles, ne renferment ni le Concordat de 1801, ni la Loi organique *in extenso.* Il en est de même pour les codes Rivière et autres.

conseiller d'état, Crétet, couseiller d'Etat, et Bernier, docteur en théologie, curé de Saint-Laud-d'Angers, munis de pleins pouvoirs ; Sa Sainteté, Son Em. Mgr Hercule Consalvi, cardinal de la Sainte Eglise romaine, diacre de Sainte-Agathe *ad suburram*, son secrétaire d'Etat, Joseph Spina, archevêque de Corinthe, prélat domestique de Sa Sainteté, assistant du trône pontifical, et le P. Caselli, théologien consultants de Sa Sainteté, pareillement munis de pleins pouvoirs en bonne et due forme ; — lesquels, après l'échange des pleins pouvoirs respectifs, ont arrêté la convention suivante :

Le gouvernement de la République française reconnait que la religion catholique, apostolique et romaine est la religion de la grande majorité des citoyens français.

Sa Sainteté reconnaît également que cette même religion a retiré et attend encore en ce moment le plus grand bien et le plus grand éclat de l'établissement du culte catholique en France, et de la profession particulière qu'en font les consuls de la République.

En conséquence, d'après cette reconnaissance mutuelle, tant pour le bien de la religion que pour le maintien de la tranquillité intérieure, ils sont convenus de ce qui suit :

Art. 1. La religion catholique, apostolique et romaïne sera librement exercée en France : son culte sera public, en se conformant aux règlements de police que le gouvernement jugera nécessaires pour la tranquillité publique.

2. Il sera fait par le Saint-Siège, de concert avec le gouvernement une nouvelle circonscription des diocèses français.

3. Sa Sainteté déclarera aux titulaires des évêchés français qu'elle attend d'eux avec une ferme confiance, pour le bien de la paix et de l'unité, toute espèce de sacrifices, même celui de leurs sièges.

D'après cette exhortation, s'ils se refusaient à ce sacrifice commandé par le bien de l'Eglise (refus néanmoins auquel Sa Sainteté ne s'attend pas), il sera pourvu, par de nouveaux titulaires, au gouvernement des évêchés de la circonscription nouvelle, de la manière suivante.

4. Le premier consul de la République nommera, dans les trois mois qui suivront la publication de la bulle de Sa Sainteté, aux archevêchés et évêchés de la circonscription nouvelle. Sa Sainteté conférera l'institution canonique, suivant les formes établies par

rapport à la France avant le changement de gouvernement.

5. Les nominations aux évêchés qui vaqueront dans la suite seront également faites par le premier consul, et l'institution canonique sera donnée par le Saint-Siège en conformité de l'article précédent.

6. Les évêques, avant d'entrer en fonctions, prêteront directement, entre les mains du premier consul, le serment de fidélité qui était en usage avant le changement de gouvernement, exprimé dans les termes suivants :

« Je jure et promets à Dieu, sur les saints évangiles de garder obéissance et fidélité au gouvernement établi par la constitution de la République française. Je promets aussi de n'avoir aucune intelligence, de n'assister à aucun conseil, de n'entretenir aucune ligue, soit au dedans, soit au dehors, qui soit contraire à la tranquillité publique ; et si dans mon diocèse ou ailleurs, j'apprends qu'il se trame quelque chose au préjudice de l'Etat, je le ferai savoir au gouvernement. »

7. Les ecclésiastiques du second ordre prêteront le même serment entre les mains des autorités civiles désignées par le gouvernement.

8. La formule de prière suivante sera récitée à la fin de l'office divin, dans les églises catholiques de France : *Domine salvam fac rempublicam ; Domine salvos fac consules.*

9. Les évêques feront une nouvelle circonscription des paroisses de leurs diocèses, qui n'aura d'effet que d'après le consentement du gouvernement.

10. Les évêques nommeront aux cures. Leur choix ne pourra tomber que sur des personnes agréées par le gouvernement.

11. Les évêques pourront avoir un chapitre dans leur cathédrale et un séminaire pour leur diocèse, sans que le gouvernement s'oblige à les doter.

12. Toutes les églises métropolitaines, cathédrales, paroissiales et autres non aliénées, nécessaires au culte, seront remises à la disposition des évêques.

13. Sa Sainteté, pour le bien de la paix et l'heureux rétablissement de l'Eglise catholique, déclare que ni elle, ni ses successeurs ne troubleront en aucune manière les acquéreurs des biens ecclésiastiques aliénés, et qu'en conséquence, la propriété de ces

mêmes biens, les droits et revenus y attachés demeureront in-
commutables entre leurs mains ou celles de leur ayants cause.

14. Le gouvernement assurera un traitement convenable aux
évèques et aux curés dont les diocèses et les paroisses seront
compris dans la circonscription nouvelle.

15. Le gouvernement prendra également des mesures pour que
les catholiques français puissent, s'ils le veulent, faire en faveur
des églises des fondations.

16. Sa Sainteté reconnaît dans le premier consul de la République française les mêmes droits et prérogatives dont jouissait près
d'elle l'ancien gouvernement.

17. Il est convenu entre les parties contractantes que, dans le cas
où quelqu'un des successeurs du premier consul actuel ne serait
pas catholique, les droits et prérogatives mentionnés dans l'article ci-dessus, et la nomination aux évêchés seront réglés, par rapport à lui, par une nouvelle convention.

Les ratifications seront échangées à Paris, dans l'espace de quarante jours.

Fait à Paris le 26 messidor an IX.

*Articles Organiques de la Convention du 26 messidor
an IX.*

TITRE I.

DU RÉGIME DE L'ÉGLISE CATHOLIQUE DANS SES RAPPORTS GÉNÉRAUX
AVEC LES DROITS ET LA POLICE DE L'ÉTAT.

Art. 1. Aucune bulle, bref, rescrit, décret, mandat, provision,
signature servant de provision, ni autres expéditions de la cour
de Rome, même ne concernant que les particuliers, ne pourront
être reçues, publiées, imprimées, ni autrement mises à exécution
sans l'autorisation du gouvernement. [Modifié, en ce qui concerne
les brefs de la Pénitencerie, décr. du 28 fév. 1810.]

2. Aucun individu se disant nonce, légat, vicaire ou commis-
saire apostolique, ou se prévalant de toute autre dénomination, ne
pourra, sans la même autorisation, exercer, sur le sol français, ni

ailleurs, aucune fonction relative aux affaires de l'Eglise gallicane.

3. Les décrets des synodes étrangers, même ceux des conciles généraux, ne pourront être publiés en France avant que le gouvernement en ait examiné la forme, leur conformité avec les lois, droits et franchises de la République française, et tout ce qui, dans leur publication, pourrait altérer ou intéresser la tranquillité publique.

4. Aucun concile, national ou métropolitain, aucun synode diocésain, aucune assemblée délibérante n'aura lieu sans la permission expresse du gouvernement. [Abrogé, en fait, depuis 1868, a dit une lettre du garde des sceaux au cardinal archevêque de Bordeaux. Voy. Ravelet, *Code Manuel*, p. 13.]

5. Toutes les fonctions ecclésiastiques seront gratuites, sauf les oblations qui seraient autorisées et fixées par les règlements.

6. Il y aura recours au Conseil d'Etat, dans tous les cas d'abus de la part des supérieurs et autres personnes ecclésiastiques.

Les cas d'abus sont, l'usurpation ou l'excès de pouvoir, la contravention aux lois et règlements de la République, l'infraction aux règles consacrées par les canons reçus en France, l'attentat aux libertés, franchises et coutumes de l'Eglise gallicane et toute entreprise ou tout procédé qui, dans l'exercice du culte, peut compromettre l'honneur des citoyens, troubler arbitrairement leur conscience, dégénérer contre eux en oppression ou en injure, ou en scandale public.

7. Il y aura pareillement recours au Conseil d'Etat s'il est porté atteinte à l'exercice du culte et à la liberté que les lois et règlements garantissent à ses ministres.

8. Le recours compétera à toute personne intéressée. A défaut de plainte particulière, il sera exercé d'office par les préfets.

Le fonctionnaire public, l'ecclésiastique ou la personne qui voudra exercer ce recours, adressera un Mémoire détaillé et signé au conseiller d'Etat chargé de toutes les affaires concernant les cultes, lequel sera tenu de prendre dans le plus court délai tous les renseignements convenables; et, sur son rapport, l'affaire sera suivie et définitivement terminée dans la forme administrative, ou renvoyée, selon l'exigence des cas, aux autorités compétentes.

TITRE II.

DES MINISTRES.

Sect. 1. — *Dispositions générales.*

9. Le culte catholique sera exercé sous la direction des archevêques et évêques dans leurs diocèses, et sous celle des curés dans leurs paroisses.

10. Tout privilège portant exemption ou attribution de la juridiction épiscopale est aboli.

11. Les archevêques et évêques pourront, avec l'autorisation du gouvernement, établir dans leurs diocèses des chapitres cathédraux et des séminaires. Tous autres établissements ecclésiastiques sont supprimés.

12. Il sera libre aux archevêques et évêques d'ajouter à leur nom le titre de *citoyen* ou celui de *monsieur*. Toutes les autres qualifications sont interdites.

Sect. 2. *Des archevêques ou métropolitains.*

13. Les archevêques consacreront et installeront leurs suffragants. En cas d'empêchement ou de refus de leur part, ils seront suppléés par le plus ancien évêque de l'arrondissement métropolitain.

14. Ils veilleront au maintien de la foi et de la discipline dans les diocèses dépendants de leur métropole.

15. Ils connaîtront des réclamations et des plaintes portées contre la conduite et les décisions des évêques suffragants.

Sect. 3. *Des évêques, des vicaires généraux et des séminaires.*

16. On ne pourra être nommé évêque avant l'âge de trente ans et si on n'est originaire français.

17. Avant l'expédition de l'arrêté de nomination, celui ou ceux

qui seront proposés seront tenus de rapporter une attestation de bonne vie et mœurs, expédiée par l'évêque dans le diocèse duquel ils auront exercé les fonctions du ministère ecclésiastique ; et ils seront examinés sur leur doctrine par un évêque et deux prêtres qui seront commis par le premier consul, lesquels adresseront le résultat de leur examen au conseiller d'Etat chargé de toutes les affaires concernant les cultes.

18. Le prêtre nommé par le premier consul fera ses diligences pour rapporter l'institution du pape.

Il ne pourra exercer aucune fonction avant que la bulle portant son institution ait reçu l'attache du gouvernement, et qu'il ait prêté, en personne, le serment prescrit par la convention passée entre le gouvernement français et le Saint-Siège.

Ce serment sera prêté au premier consul, et il en sera dressé procès-verbal par le secrétaire d'Etat.

19. Les évêques nommeront et institueront les curés. Néanmoins, ils ne manifesteront leur nomination, et ils ne donneront l'institution canonique, qu'après que cette nomination aura été agréée par le premier consul.

20. Ils seront tenus de résider dans leurs diocèses ; ils ne pourront en sortir qu'avec la permission du premier consul.

21. Chaque évêque pourra nommer deux vicaires-généraux, et chaque archevêque pourra en nommer trois ; ils les choisiront parmi les prêtres ayant les qualités requises pour être évêques.

22. Ils visiteront annuellement, et en personne, une partie de leur diocèse, et, dans l'espace de cinq ans, le diocèse entier.

En cas d'empêchement légitime, la visite sera faite par un vicaire général.

23. Les évêques seront chargés de l'organisation de leurs séminaires, et les règlements de cette organisation seront soumis à l'approbation du premier consul.

24. Ceux qui seront choisis pour l'enseignement dans les séminaires souscriront la Déclaration faite par le clergé de France en 1682, et publiée par un édit de la même année ; ils se soumettront à y enseigner la doctrine qui y est contenue, et les évêques adresseront une expédition en forme de cette soumission au conseiller d'Etat chargé de toutes les affaires concernant les cultes.

25. Les évêques enverront, toutes les années, à ce conseiller

d'Etat, le nom des personnes qui étudieront dans les séminaires et qui se destineront à l'Etat ecclésiastique.

26. Ils ne pourront ordonner aucun ecclésiastique, s'il ne justifie d'une propriété produisant au moins un revenu annuel de 300 fr. s'il n'a atteint l'âge de vingt-cinq ans, et s'il ne réunit les qualités requises par les canons reçus en France. [Modifié par le décret du 28 février 1810, en ce qui concerne le titre clérical et l'âge.]

Les évêques ne feront aucune ordination avant que le nombre des personnes à ordonner ait été soumis au gouvernement et par lui agréé.

SECT. 4. *Des cures.*

27. Les curés ne pourront entrer en fonctions qu'après avoir prêté entre les mains du préfet le serment prescrit par la convention passée entre le gouvernement et le saint siège. Il sera dressé procès-verbal de cette prestation par le secrétaire général de la préfecture, et copie collationnée leur en sera délivrée.

28. Ils seront mis en possession par le curé ou le prêtre que l'évêque désignera.

29. Ils seront tenus de résider dans leurs paroisses.

30. Les curés seront immédiatement soumis aux évêques dans l'exercice de leurs fonctions.

31. Les vicaires et desservants exerceront leur ministère sous la surveillance et la direction des curés.

Ils seront approuvés par l'évêque et révocables par lui.

32. Aucun étranger ne pourra être employé dans les fonctions du ministère ecclésiastique, sans la permission du gouvernement.

33. Toute fonction est interdite à tout ecclésiastique, même français, qui n'appartient à aucun diocèse.

34. Un prêtre ne pourra quitter son diocèse pour aller desservir dans un autre, sans la permission de son évêque.

SECT. 5. *Des chapitres cathédraux et du gouvernement des diocèses pendant la vacance du siége.*

35. Les archevêques et évêques qui voudront user de la faculté

qui leur est donnée d'établir des chapitres, ne pourront le faire sans avoir rapporté l'autorisation du gouvernement, tant pour l'établissement lui-même que pour le nombre et le choix des ecclésiastiques destinés à les former.

36. Pendant la vacance des sièges, il sera pourvu par le métropolitain, et, à son défaut, par le plus ancien des évêques suffragants, au gouvernement des diocèses.

Les vicaires-généraux de ces diocèses continueront leurs fonctions, même après la mort de l'évêque, jusqu'à son remplacement. [Disposition rapportée, abrogée, par le décret du 28 février 1810.]

37. Les métropolitains, les chapitres cathédraux, seront tenus, sans délai, de donner avis au gouvernement de la vacance des sièges et des mesures qui auront été prises pour le gouvernement des diocèses vacants.

38. Les vicaires-généraux qui gouvernent pendant la vacance, ainsi que les métropolitains ou vicaires capitulaires ne se permettront aucune innovation dans les usages et coutumes des diocèses.

TITRE III.

DU CULTE.

39. Il n'y aura qu'une liturgie et un catéchisme pour toutes les églises catholiques de France.

40. Aucun curé ne pourra ordonner des prières publiques extraordinaires dans sa paroisse, sans la permission spéciale de l'évêque.

41. Aucune fête, à l'exception du dimanche, ne pourra être établie sans la permission du gouvernement.

42. Les ecclésiastiques useront, dans les cérémonies religieuses, des habits et ornements convenables à leur titre : ils ne pourront, dans aucun cas, sous aucun prétexte, prendre la couleur et les marques distinctives réservées aux évêques.

43. Tous les ecclésiastiques seront habillés à la française et en noir. Les évêques pourront joindre à ce costume la croix pectorale et les bas violets. [Modifié par décret du 8 janv. 1804, (17 niv. an XII.)

44. Les chapelles domestiques, les oratoires particuliers, ne pourront être établis sans une permission expresse du gouvernement, accordée sur la demande de l'évêque.

45. Aucune cérémonie religieuse n'aura lieu hors des édifices consacrés au culte catholique, dans les villes où il y a des temples destinés à différents cultes. [Applicable seulement dans les villes où existe un *consistoire* protestant. Circul. du 30 ger. an XI.]

46. Le même temple ne pourra être consacré qu'à un même culte.

47. Il y aura, dans les cathédrales et paroisses, une place distinguée pour les individus catholiques qui remplissent les autorités civiles et militaires.

48. L'évêque se concertera avec le préfet pour régler la manière d'appeler les fidèles au service divin par le son des cloches. On ne pourra les sonner pour toute autre cause, sans la permission de la police locale.

49. Lorsque le gouvernement ordonnera des prières publiques, les évêques se concerteront avec le préfet et le commandant militaire du lieu, pour le jour, l'heure et le mode d'exécution de ces ordonnances.

50. Les prédications solennelles appelées sermons, et celles connues sous le nom de stations de l'avent et du carême, ne seront faites que par des prêtres qui en auront obtenu une autorisation spéciale de l'évêque.

51. Les curés, aux prônes des messes paroissiales, prieront et feront prier pour la prospérité de la République française et pour les consuls.

52. Ils ne se permettront dans leurs instructions aucune inculpation directe ou indirecte, soit contre les personnes, soit contre les autres cultes autorisés dans l'Etat.

53. Ils ne feront au prône aucune publication étrangère à l'exercice du culte, si ce n'est celles qui seront ordonnées par le gouvernement.

54. Ils ne donneront la bénédiction nuptiale qu'à ceux qui justifieront, en bonne et due forme, avoir contracté mariage devant l'officier civil.

55. Les registres tenus par les ministres du culte, n'étant et ne pouvant être relatifs qu'à l'administration des sacrements, ne pourront, dans aucun cas, suppléer les registres ordonnés par la loi pour constater l'état-civil des Français.

56. Dans tous les actes ecclésiastiques et religieux, on sera obligé de se servir du calendrier d'équinoxe établi par les lois de la République ; on désignera les jours par les noms qu'ils avaient dans le calendrier des solstices.

57. Le repos des fonctionnaires publics sera fixé au dimanche.

TITRE IV.

DE LA CIRCONSCRIPTION DES ARCHEVÊCHÉS, DES ÉVÊCHÉS ET DES PAROIS-SES ; DES ÉDIFICES DESTINÉS AU CULTE ET DU TRAITEMENT DES MINISTRES.

SECT. 1. *De la circonscription des archevêchés et des évêchés.*

58. Il y aura en France dix archevêchés ou métropoles et cinquante évêchés.

59. La circonscription des métropoles et des diocèses sera faite conformément au tableau ci-joint. [Voy. infr. 12ᵉ Leçon.]

SECT. 2. *De la circonscription des paroisses.*

60. Il y aura au moins une paroisse dans chaque justice de paix. Il sera, en outre, établi autant de succursales que le besoin pourra l'exiger.

61. Chaque évêque, de concert avec le préfet, réglera le nombre et l'étendue de ces succursales. Les plans arrêtés seront soumis au gouvernement, et ne pourront être mis à exécution sans son autorisation.

62. Aucune partie du territoire français ne pourra être érigée en cure ou en succursale, sans l'autorisation expresse du gouvernement.

63. Les prêtres desservant les succursales sont nommés par les évêques.

Sect. 3. *Du traitement des ministres.*

64. Le traitement des archevêques sera de 15,000 francs.

65. Le traitement des évêques sera de 10,000 francs.

66. Les curés seront distribués en deux classes. Le traitement des curés de la première classe sera porté à 1,500 francs, celui des curés de la seconde classe à 1,000 francs.

67. Les pensions dont ils jouissent en exécution des lois de l'assemblée constituante, seront précomptées sur leur traitement.

Les conseils généraux des grandes communes pourront, sur leurs biens ruraux, ou sur leurs octrois, leur accorder une augmentation de traitement, si les circonstances l'exigent.

68. Les vicaires et desservants seront choisis parmi les ecclésiastiques pensionnés en exécution des lois de l'assemblée constituante. Le montant de ces pensions et le produit des oblations formeront leur traitement.

69. Les évêques rédigeront les projets de règlement relatifs aux oblations, que les ministres du culte sont autorisés à recevoir pour l'administration des sacrements. Les projets de règlement rédigés par les évêques ne pourront être publiés, ni autrement mis à exécution, qu'après avoir été approuvés par le gouvernement.

70. Tout ecclésiastique pensionnaire de l'Etat sera privé de sa pension, s'il refuse, sans cause légitime, les fonctions qui pourront lui être confiées.

71. Les conseils généraux de département sont autorisés à procurer aux archevêques et évêques un logement convenable.

72. Les presbytères et les jardins attenants, non aliénés, seront rendus aux curés et aux desservants des succursales. A défaut de ces presbytères, les conseils généraux des communes sont autorisés à leur procurer un logement et un jardin.

73. Les fondations qui ont pour objet l'entretien des ministres et l'exercice du culte, ne pourront consister qu'en rentes constituées sur l'Etat : elles seront acceptées par l'évêque diocésain et ne pourront être exécutées qu'avec l'autorisation du gouvernement. [La prescription du 1er alinéa rapportée par la loi du 9 janvier 1817.]

74. Les immeubles, autres que les édifices destinés au logement

et les jardins attenants, ne pourront être affectés à des titres ecclésiastiques, ni possédés par les ministres du culte, à raison de leurs fonctions.

Sect. 4. *Des édifices destinés au culte.*

75. Les édifices anciennement destinés au culte catholique, actuellement dans les mains de la nation, à raison d'un édifice par cure et par succursale, seront mis à la disposition des évêques par arrêté du préfet du département.

Une expédition de ces arrêtés sera adressée au conseiller d'état chargé de toutes les affaires concernant le culte.

76. Il sera établi des fabriques, pour veiller à l'entretien et à la conservation des temples, à l'administration des aumônes.

77. Dans les paroisses où il n'y aura point d'édifice disponible pour le culte, l'évêque se concertera avec le préfet pour la désignation d'un édifice convenable.

(Suivent les articles organiques des cultes protestants, au nombre de 44, renfermés dans trois titres. Quelques-uns de ces articles peuvent être rapprochés de ceux qui concernent le culte catholique, lorsqu'il s'agit de faire mieux comprendre la pensée du législateur. Ex., l'art. 6, de part et d'autre sur les appels d'abus.)

DEUXIÈME LEÇON

Sommaire :

§ 1er.

1. Quelles théories de droit ecclésiastique traditionnel sont laissées en dehors du Concordat de 1801.
2. Abus dont ce droit traditionnel n'avait pas su se garder.
3. La question incidente des juridictions, funeste au régime métropolitain.

4. Citations de Guizot.

5. Rapprochement du droit civil concernant les transactions.

6. Citations de madame de Staël et de M. de Pressensé.

7. Capacité de l'un et de l'autre des contractants dans le Concordat de 1801.

§ 2.

8. Le Concordat est-il un traité?

9. Objections : Capacité et qualité des contractants.

10. Véritable notion du droit international sur le sujet.

11. Haute situation et caractère public du pape insuffisamment mis en relief dans la question.

12. Discussion de l'opinion de Bluntschli.

APPENDICE : *Note sur la juridiction ecclésiastique en matière civile.*

———

Monsieur le Doyen,

Messieurs,

§ 1er

Le concordat de 1801 est *in se*, ou considéré au fond, une transaction entre deux droits, avec exclusion d'un autre droit plus ancien ou primitif.

Le droit exclu, envisagé dans ses lignes principales, était celui des élections, de la confirmation par le métropolitain, de la juridication territoriale pour les causes ecclésiastiques, de l'existence individuelle plus accentuée dans l'Eglise nationale, se rattachant au droit le plus ancien des premiers conciles.

Le droit exclu était celui de la constitution civile du clergé, de l'Eglise constitutionnelle, des évêques constitutionnels.

Comme système de gouvernement ecclésiastique, ce

droit exclu pouvait, d'après son idée dominante, être appelé du nom de régime métropolitain.

Il avait la prétention de s'en tenir au droit canon qui suffit aux Églises schismatiques d'Orient, qui suffit même aux Églises d'Orient non schismatiques, mais formant de petits groupes restés en dehors de la vie active politique et religieuse, et ayant un droit historique absolument différent de celui de l'Occident.

Ce droit avait suffi également à la grande Eglise d'Afrique, disait-on, et à l'Eglise primitive des Gaules.

Chez nous, les rois, les parlements, les universités, disait-on enfin, l'avaient modifié par des efforts communs dont les résultats étaient écrits dans les pragmatiques. En le modifiant, ils songeaient surtout à le maintenir, et l'application de son principe n'avait été interrompue que par le concordat de François Ier, qu'il fallait s'empresser de déclarer non avenu [1].

Ce droit exclu que M. Thiers nous a dit n'être représenté en 1801 que par des esprits étroits, les pires de tous en affaires, par des prélats intrus, la plupart anciens clubistes, hommes violents et sans mœurs, fut un peu plus tard, il faut bien le dire, l'inspiration du concordat de 1813, concordat *imposé* par la violence et rétracté aussitôt.

Un droit qui contient des principes vrais peut durer pendant une longue période des annales humaines, s'il

---

1. Il est facile de suivre dans l'histoire particulière de l'Eglise en France, et dans les ouvrages de bon nombre d'écrivains honnêtes et pieux, le concert de gémissements occasionné par le concordat de François Ier. Les jansénistes avaient fait volontiers leur partie dans ce concert. A leur suite, des fidèles peu éclairés n'en étaient que convaincus davantage.

est appuyé par l'autorité. Il peut reparaître même alors qu'on le croyait disparu, dès qu'il est maintenu et appuyé par l'autorité. L'autorité fait la force extérieure du droit.

Néanmoins, si un autre droit contient plus de vérité, il fera échec au précédent.

Si vous voulez savoir pourquoi le droit exclu, dont nous parlons, et mieux encore la période pragmatique de notre droit ecclésiastique en France, n'ont pas abouti à d'autres résultats, nous n'avons pas à vous le dire présentement avec quelque détail.

Nous pourrons, cependant, vous renvoyer à un ouvrage attribué à Chauvelin (mis à l'*Index* le 13 mars 1754.) Vous n'aurez besoin que d'en lire le titre que voici : *Tradition des faits qui manifestent le système d'indépendance que les évêques ont opposé dans les différents siècles aux principes invariables de la justice souveraine . du roi sur tous les sujets indistinctement, et la nécessité de laisser agir les juges séculiers contre leurs entreprises, pour maintenir l'observation des lois et la tranquillité publique*, réimprimé Paris 1825. Chauvelin est partisan du césarisme, dont les juges seront les organes nécessaires.

Le premier âge de l'Eglise, dit Chauvelin, nous montre dans les évêques le plus grand désintéressement. Lorsqu'ils deviennent seigneurs temporels, ils ont part au gouvernement de l'Etat, et ils attribuent à la puissance épiscopale les droits qu'il faudrait leur reconnaître plutôt en qualité de seigneurs territoriaux; ils jugent les rois, ils les déposent : Agobard, évêque de Lyon, et Valla, abbé de Corbie, sont les premiers promoteurs de ces agissements à l'égard de Louis le Débonnaire. En Espagne, le roi Vamba est déposé par les évêques, à Tolède, et son successeur

Ervige reconnaît tenir de leurs mains sa couronne. Lothaire est déposé par les évêques. En 859, Charles le Chauve, au concile de Savonière, se plaint de l'archevêque de Sens, en ces termes : Il m'avait promis de ne point me déposer de la dignité royale, au moins sans le consentement des évêques qui m'avaient sacré avec lui, et au jugement desquels je m'étais soumis, comme je m'y soumets encore, (Conc. Labbe, t. VIII, p. 869.)

Il faut arriver à saint Louis, dit le même Chauvelin, pour juger, par les remèdes apportés, quels autres grands maux s'étaient produits. Car les évêques, n'osant plus disposer de la couronne, s'étaient emparés, peu à peu, de toute l'*administration de la justice*, spécialement à raison des questions de conscience engagées dans tout contrat, quel qu'il soit. La magistrature semblait en voie de devenir une partie intégrante de l'établissement ecclésiastique temporel.

Un concile tenu à Bourges, en 1276, sous la présidence de Simon de Brie, cardinal et légat de Grégoire X, publia seize articles tendant à maintenir la juridiction et l'immunité ecclésiastique dans toute l'étendue dont le clergé était alors en possession. (Conc. Labbe, t. II, part. 1 p. 1019.) Mais déjà, en 1235, les seigneurs réunis à Saint-Denis avaient formé une ligue contre l'extension des juridictions ecclésiastiques, et, en 1329, le 15 décembre, fut tenue à Vincennes la célèbre conférence dans laquelle Pierre de Cugnières s'éleva avec véhémence contre les usurpations ecclésiastiques. C'est à cette conférence que l'on fait remonter les commencements des appels comme d'abus.

Tout ceci résume Chauvelin.

Il a signalé, du reste, des abus réels. Mais serait-ce uniquement à ces abus que le *système d'indépendance* (Chauvelin ne lui donne pas le nom de système métropolitain), aurait dû sa ruine. Est-ce la royauté qui, dans son intérêt et au nom du droit public, s'est constituée en adversaire, agissant exclusivement à raison de ces abus ?

A nos yeux, Messieurs, le régime métropolitain considéré comme système ecclésiastique de gouvernement faisant partie de l'établissement temporel de l'Eglise, a succombé, tout d'abord, sur la question incidente des juridictions et de la magistrature.

Les rois, les universités, les parlements soutenaient, *à l'encontre de Rome*, le régime métropolitain.

Le roi, les grands seigneurs féodaux, les universités, les parlements combattaient dans le *modus vivendi* uniquement français, l'extension des juridictions ecclésiastiques et l'application du droit canon par les juges d'Eglise pour les matières civiles.

Ce sont là des points de vue très différents [1].

---

1. Comparez nos *Rapports du sacerdoce*, t. II, p. 136 : Les barons, en 1235, réunis à Saint-Denis, se formèrent en association et décidèrent, 1° que les seigneurs ne seraient pas justiciables des tribunaux ecclésiastiques pour les affaires civiles, 2° que si le juge ecclésiastique excommuniait en pareil cas, il serait contraint par la saisie du temporel à lever l'excommunication, 3° que pour leurs fiefs, les ecclésiastiques seraient tenus de répondre devant les juges laïques.

Et plus loin, p. 137 : A ce temps, s'opérait dans la judicature française la plus importante des révolutions. La justice séculière prenait définitivement le dessus sur la justice d'Eglise et réléguait celle-ci dans un for ecclésiastique très large encore, mais qui n'était rien auprès de l'immensité des attributions que les cours cléricales avaient revendiquées jusque-là.

Quand les évêques perdirent le droit de disposer de la couronne, il se trouva que l'établissement ecclésiastique (celui qui est qualifié du nom de métropolitain) n'était pas amoindri comme établissement temporel, parce qu'il était *en possession de la justice*. Cette possession lui fut enlevée ou fut restreinte dans d'étroites limites. Les justices ecclésiastiques pouvaient soutenir la lutte contre les justices féodales, non contre la justice royale.

Quand le roi, dont la puissance avait grandi n'eut plus d'intérêt à soutenir le régime métropolitain à l'encontre de Rome, mais trouva son avantage dans la conclusion d'un concordat qui lui concédait les nominations épiscopales, l'établissement ecclésiastique dut laisser de côté des prérogatives qui lui étaient chères, ce fut une évolution du droit, et la conséquence d'une évolution de droit antérieure.

En 1789, l'établissement ecclésiastique perdit, par une troisième évolution du droit sa constitution en pouvoir politique et la qualité de grand propriétaire possesseur de domaine sur tous les points de la France. Que pouvait-il garder?

Il conserva tout ce qui n'était pas le pouvoir politique, tout ce qui n'était pas le régime métropolitain, tout ce qui n'était pas la juridiction de ses tribunaux.

La Constitution civile fut un non sens, parce qu'elle avait prétendu faire rétrograder l'histoire.

Il conserva, de son droit le plus récent, ce qui cons-

C'est en 1306 que Pierre Du Bois publia son livre important pour l'extension des pouvoirs de la société civile, et contre les empiètements de l'Eglise.

C'est la marque d'une tendance qui s'affirme de plus en plus.

tituait sa vie intime, tout imprégnée de l'action de la papauté et développée par l'action de la papauté, à la suite de l'abandon du régime métropolitain et par suite de cet abandon.

Mais l'établissement ecclésiastique, toujours subsistant en droit, avait subi *l'interruption* de l'exercice public du culte légalement reconnu, et c'est pourquoi une transaction avec le droit civil et politique *nouveau*, constatant la renonciation à diverses revendications, devint la condition du retour à la légalité du culte public.

Cette partie du passé qui disparaît définitivement, après avoir essayé de renaître dans la Constitution civile, ce régime métropolitain qui est le plus ancien sur notre sol, mais dont la persistance eût rendu moins facile le rétablissement de l'Eglise de France, opéré avec tant de facilité par la papauté, sera-t-elle rétroactivement jugée avec la sévérité réservée à tout ce qui succombe dans l'histoire ? Nous répondons en citant M. Guizot : « C'est, dit-il, une grave erreur que de juger une institution, une influence, d'après les résultats qu'elle a amenés au bout de plusieurs siècles; d'approuver ou de condamner ce qu'elle a fait, dans le temps où elle est née, d'après ce qu'elle est devenue et ce qu'elle a produit mille ans plus tard. L'histoire du monde n'offre aucun système social qui soit en état de supporter une telle épreuve et puisse accepter la responsabilité d'un tel avenir. Transportée ainsi dans le passé, l'expérience nous trompe, au lieu de nous éclairer. » *Essai sur l'Histoire de France,* p. 224-5.

Nous n'avons pas charge de traiter devant vous les

questions de droit purement civil. Quoi qu'il en soit, il ne nous sera pas interdit d'en rappeler quelques dispositions.

Et d'abord, le Code civil, art. 2044, nous dit que « la transaction est un contrat par lequel les parties terminent une contestation née, ou préviennent une contestation à naître. » Les jurisconsultes ajoutent : *au moyen de concessions réciproques*, afin de distinguer ce contrat du désistement, de l'acquiescement, ou de la confirmation.

L'art. 13 du concordat [pourrait être un désistement de toute poursuite à l'égard des acquéreurs de biens de l'Eglise. Mais l'art. 14 qui assure un traitement « convenable » aux ministres du culte, est la base sur laquelle s'établit la concession réciproque, et il y a transaction.

« Les transactions, dit l'art. 2048, Cod. civ., se renferment dans leur objet : la renonciation qui y est faite à tous droits, actions et prétentions, ne s'entend que de ce qui est relatif au différend qui y a donné lieu. » C'est là une décision de principe, une règle de droit général, dont nous pouvons tirer parti.

Sans doute, le Code civil n'a aucunement en vue de commenter le concordat; mais le droit général qu'il formule sur la nature d'un contrat particulier est doctrinal et peut être invoqué dans l'espèce. La doctrine nous conduit ainsi à cette affirmation déjà produite, et à laquelle nous tenons grandement. La transaction concordataire garde et conserve tout ce qui, dans l'ancien établissement de l'Eglise en France, *n'est pas la judicature, n'est pas le régime métropolitain et sa prédominance dans le gouvernement ecclésiastique, n'est pas le pouvoir du clergé constitué politiquement*, et le reste.

Art. 2049 : « Les transactions ne règlent [que les différends qui s'y trouvent compris... » La question des congrégations religieuses n'est pas comprise dans le concordat. Tout différend né ou à naître sur ce point, demeure *non réglé*, en *droit concordataire*. Le concordat n'a « l'autorité de la chose jugée en dernier ressort, » (art. 2052, Cod. civ.) que pour les différends qui s'y trouvent compris.

Continuons ce commentaire emprunté au droit civil :

Veuillez faire ici, Messieurs, une distinction nécessaire. S'agit-il d'un « différend? » La question sera de savoir, oui ou non, s'il est compris dans le concordat, car, dès lors, il y aurait chose jugée.

Il s'agit, au contraire d'un « objet, » comme, par exemple d'un canon reçu antérieurement en France. La question se posera autrement : Le concordat n'ayant pas statué sur cet objet ou sur ce canon, ne pourra être opposé à l'application juridique qui en serait réclamée. Ce canon n'a pas été *l'objet* du concordat; le canon antérieurement reçu en France n'y a pas donné lieu. Le droit concordataire *ne suffira pas pour dirimer la cause*. — Faites application à la question du mariage civil des prêtres. (Voy. notre traité sur le mariage civil, etc.)

Un problème intéressant, auquel nous appliquerions également le droit civil, est celui du caractère translatif ou déclaratif de propriété dans le concordat, quant aux objets litigieux. S'il y avait caractère translatif, les fruits étaient dus par les acquéreurs des biens nationaux pour les temps qui avaient précédé. S'il y avait caractère déclaratif, il n'y avait pas nouveau titre pour l'Eglise recevant les traitements « convenables, » à elle assurés.

Nous ne prétendons pas qu'il faille suivre, à la lettre, le droit applicable en matière civile pour un contrat dûment *spécifié*. Nous nous bornons à tirer parti des textes et de la doctrine, pour mieux expliquer les divers points de vue d'une convention *sui generis*.

Vous n'ignorez pas que les anciens auteurs s'en tiennent à la notion de l'effet déclaratif pour la transaction. De Luca disait: « Ce qu'on obtient par la transaction nous appartient non point *jure novo, sed jure primævo, De feudis*, disc. 47, n. 9. ». Dumoulin : *Nullum dominium transfertur, nec novus titulus adquiritur sed sola liberatio controvesiæ*, § 33, gl. 1, n° 67. D'Argentré : *Materiam primariam juris non generat; non est titulus.* Ces textes d'auteurs vous sont connus.

Le caractère déclaratif empêche que l'Eglise reçoive et possède à titre nouveau.

En matière civile, ce qui n'est pas dans le commerce ne saurait donner lieu à transaction. Le chef de l'Eglise ne pouvait admettre, de son côté, comme matière à transaction, ce qui dépasse son action, nécessairement limitée par le dogme.

Il ne peut donner l'assurance que l'Eglise ne définira pas un dogme; qu'elle ne définira pas comme dogme ce qui était jusqu'alors une croyance libre. Tel est, cependant, le motif allégué par l'Autriche, en 1870, pour la rupture du concordat autrichien, après la proclamation du dogme de l'infaillibilité, voy. nos *Rapports du sacerdoce*, t. II, p. 174.

Enfin, toute transaction consentie requiert la capacité. Notre article 2045 Cod. civ. dit : « Pour transiger, il faut avoir la capacité de disposer des objets compris dans la transaction. » C'est une règle de droit commun à laquelle nous donnerons notre attention.

§ 2.

La question de capacité en amène une autre, qui n'est plus relative au fond, à la nature de la convention, à son essence, mais à sa forme. La convention de 1801 est-elle un contrat qui, arrêté entre deux puissances, devienne un véritable traité? N'en aurait-elle que l'apparence?

M. de Pressensé est d'avis que, dans le concordat, les deux contractants « disposent l'un et l'autre de ce qui ne leur appartient pas, » (*Rev. nation. et étrang.*, 1863, 10 juill., p. 441). Il cite madame de Staël, disant : « A l'époque de l'avénement de Bonaparte, les partisans les plus sincères du catholicisme, après avoir été longtemps victimes de l'Inquisition politique, n'aspiraient qu'à une parfaite liberté religieuse : le vœu général de la nation se bornait à ce que toute persécution cessât désormais contre les prêtres, que l'on n'exigeât plus d'eux aucune espèce de serment, enfin que l'autorité ne se mêlât en rien des opinions religieuses de personne : ainsi donc, le gouvernement consulaire eût contenté l'opinion, en maintenant en France la tolérance telle qu'elle existe en Amérique. » — Ce n'est pas tout :

M. de Pressensé insiste : « On a quelque peine à admettre que le pouvoir règle à son gré les intérêts matériels du pays, sans l'avoir consulté ; les traités de commerce les mieux conçus et les mieux justifiés par les résultats inspirent quelque scrupule, quand ils ont été décrétés avant d'être votés ; mais les objections sont bien plus graves quand il s'agit des droits de la conscience religieuse directement engagés dans un concordat. Même sous l'ancienne monarchie, l'Etat rencontrait dans ce domaine vraiment sacré et inaliénable, d'invincibles résistances, qui lui rappelaient qu'il y a d'autres droits que les siens. S'arroger, au lendemain de la Révolution française, un pouvoir dictatorial sur les convictions religieuses, s'en servir comme de cartes dans son jeu diplomatique, tantôt pour menacer le pape des passions de la foule, tantôt pour lui promettre leur apaisement, décider seul ce qui doit être abandonné ou conservé des anciennes ou des nouvelles organisations ecclésiastiques, sans offrir d'autre garantie que la modération d'un jeune dictateur qui s'est formé dans les camps, c'est là un abus de pouvoir injustifiable et l'un des plus tristes spectacles que puisse donner une Révolution qui revient sur elle-même. »

Les pouvoirs du premier consul étaient-ils donc *légalement* suffisants ?

On ne l'a jamais nié dans le passé, et cela suffit pour la validité du contrat. La légalité qui remettait aux mains d'un jeune général, « théologien improvisé, » la solution de telles et si hautes questions était-elle abusive, ou voisine de l'abus? Elle était, en tout cas, le résultat des circonstances et le fait actuel.

Le vœu de la nation, celui des partisans sincères du catholicisme pouvait-il être satisfait par une simple renonciation du gouvernement aux pénalités édictées contre les ministres du culte? Il sera permis d'en douter, et nous aurons ici l'occasion de vous remettre en mémoire une théorie déjà énoncée dans la Leçon précédente.

Le premier consul avait jugé, avec la sagacité de l'homme d'Etat, que le catholicisme réduit à se cacher, mais *subsistant*, et dirigé par une administration diocésaine occulte, *était encore la religion de la France*, et il se posait en *negotiorum gestor* au nom de la conscience de la France. Nous empruntons volontiers au droit civil la notion du *negotiorum gestor*. Car Bonaparte était plus que le chef de nation négociant un traité ; il se *portait fort* pour les masses.

C'est de là, qu'à ses risques et périls, il tirait sa véritable *capacité* pour traiter, en même temps que la légalité contemporaine lui donnait *qualité suffisante.*

Arrivons au second contractant. « De son côté, reprend M. de Pressensé, la papauté n'est pas plus autorisée à disposer des droits reconnus de l'Eglise que le pouvoir civil. Car, d'après la notion vraiment orthodoxe, et qui a pour elle la tradition, la papauté est la gardienne des droits de l'Eglise, mais elle ne peut les abroger à son gré. Lui reconnaître la capacité d'y porter atteinte selon sa convenance, en lui proposant de faire (c'est l'expression de M. Thiers) ce que, depuis dix-huit siècles, l'Eglise n'avait jamais fait, c'était abandonner l'ancienne doctrine de l'Eglise de France, c'était passer à l'ultramontanisme *le plus excessif...* La position prise par les deux contractants,... c'était toujours ce mélange de *gallicanisme royal* et d'ultramontanisme qui, depuis François Ier, est au fond de tous les concordats... La papauté avait ressaisi le pouvoir que la pragmatique de saint Louis lui refusait. »

Notez avec soin, Messieurs, en passant, cette appréciation des concordats.

Il est incontestable, nous vous l'avons dit, que les concordats sont une phase nouvelle du droit, succédant à la phase des pragmatiques. Il est hors de discussion aujourd'hui parmi nous que la papauté n'est pas uniquement gardienne des droits de l'Eglise, mais qu'elle est l'*une des sources du droit dans l'Eglise*. Le droit formulé par elle, le droit pontifical ne peut plus, en conséquence, être considéré, en l'Eglise, comme *un droit particulier*, comme serait le droit particulier de l'Eglise de France ou de toute autre Eglise

La papauté a développé, à travers l'histoire, ce qui était virtuellement dans la nature de son institution. Cette formation du droit historique est légitime. Le *jus pontificium* a le caractère de droit universel. Aucun canoniste actuel n'émet un doute sur ce point.

La phase concordataire dans laquelle le souverain Pontife agit comme source du droit succède légitimement à la phase pragmatique. Nous ne ferons pas rétrograder l'Eglise et l'humanité, et c'est pourquoi nous vous avons dit, à la fin de la leçon précédente, sans que, peut-être, vous l'ayez suffisamment remarqué, que le concordat de 1801 est une transaction, non seulement entre deux droits, mais *entre deux pouvoirs*.

C'est à quoi aboutit la discussion de la question de capacité, laquelle touche à la forme, beaucoup plus qu'au fond. Nous passons, ensuite, à un autre débat sur *la forme*, d'où doivent découler des conséquences pratiques importantes, et nous répétons la question : Le concordat de 1801 est-il un traité ?

Une remarque préjudicielle sur ce point est la suivante : Les concordats sont conclus de la même façon que les traités, et ils sont observés comme les traités. Ce sont des plénipotentiaires munis de pouvoirs réguliers qui les discutent et en arrêtent les articles. Des ratifications sont échangées après la conclusion.

D'autre part, 1° les concordats, comme les traités sont conclus au nom de la généralité, au nom de tous. Et, 2° comme les traités, ils ne cessent pas d'être obligatoires par suite des changements qui surviennent dans la constitution politique, ou dans la personne des gouvernants.

Cette remarque est générale pour tous les concordats conclus par Rome avec les nations catholiques.

Une autre remarque préjudicielle spéciale au concordat de 1801 est intéressante pour notre droit public historique français. Ce concordat n'est pas une simple confirmation du droit de l'Eglise dans le *statu quo*, car il a la prétention d'innover, et d'autre part, le *statu quo* révolutionnaire était ce qu'il fallait faire disparaître ; — ni un renouvellement de traité, ce qui arrive lorsque le précédent a pris fin, en général par fixation du terme de sa durée ; — ni un rétablissement du traité qui a cessé d'être en vigueur, (dans l'espèce, le concordat de François Ier) et que l'on ferait revivre.

Cependant, en fait, et *in terminis*, il emprunte quelque chose aux idées de rétablissement et de renouvellement.

En effet, on ne saurait se lasser de le répéter, il a des précédents dans l'ancien « établissement de l'Eglise en France, » et ces précédents ne disparaissent pas.

Nous abordons les objections :

Une objection au titre de traité donné aux concordats se rencontre dans la nature des intérêts mis en jeu, qui sont *spirituels* et tendent à des *fins spirituelles*. On rappelle cette parole : « Mon royaume n'est pas de ce monde. » On veut que les traités stipulent nécessairement soit des alliances, soit des avantages commerciaux et des tarifs, soit des réciprocités juridiques.

Mais, tout d'abord, aucune loi positive ne lie les hautes parties contractantes pour la matière des traités, et il en résulte une infinie variété à laquelle on ne saurait assigner des limites. Puis, d'autre part, les questions concordataires *affectent essentiellement le droit public.* A ce titre, elles ont toujours pu prendre place dans des traités. On oublie trop souvent cette considération, qui est décisive contre la première objection.

Une deuxième objection est tirée de la doctrine. Les rapports, droits et obligations qui naissent des traités, existent seulement entre les Etats qui, en tant que personnes indépendantes, ont créé entre eux un droit conventionnel ou proclamé, en commun, une règle générale, acceptée à titre de droit nécessaire. Or, dans un concordat, on cherche vainement les deux Etats. Et si, comme l'ont prétendu quelques-uns, la papauté, dans la phase ou période concordataire du droit civil ecclésiastique, absorbe l'autonomie de l'Eglise gallicane, stipule et traite pour cette Eglise, plutôt que pour l'Eglise universelle, il n'y aura plus, en fait, qu'une communauté d'un ordre subordonné vis-à-vis de l'Etat.

Or, on refuse à un Etat mi-souverain le droit de conclure des traités, précisément parce qu'il appartient à un ordre subordonné ; il faut la souveraineté complète, non limitée, indépendante, pour l'acte solennel, international que l'on désigne sous le nom de traité. La conséquence de ces principes est fort claire.

Nous répondons à l'objection :

1° La personnalité indépendante du contractant n'est pas absolument liée à la notion de l'Etat.

Lorsque le pape était souverain temporel, ce n'est pas avec le roi des Etats-pontificaux que les concordats ont été conclus, mais avec le chef de l'Eglise. Le droit public constant, dans la chrétienté et hors de chrétienté, a donc toujours reconnu à la papauté la personnalité indépendante, d'ordre non subordonné, ayant, en la matière, l'égalité avec les Etats souverains. C'est une exception, si l'on veut, qui place bien haut, très haut, dans l'ordre international, le chef de l'Eglise catholique. Mais il y a droit acquis, que ne contestent ni le sultan de Constantinople, ni le Fils du ciel, en Chine.

2° En la thèse, la communauté d'ordre subordonné, qui eut jadis une existence individuelle plus accentuée et une autonomie restreinte, n'intervient pas au traité. Elle n'est *partie contractante* à aucun degré, et il ne peut se faire qu'à cause d'elle, un acte d'une nature plus élevée, appartenant à l'ordre de choses international, descende au rang de convention privée [1].

3° La place très élevée accordée au pape en droit international, par l'usage constant de chrétienté *et hors chrétienté*, se justifie aisément, par des motifs solides et raisons de droit. On omet à tort d'en faire l'exposé:

Le pape est le modérateur de la société chrétienne tout entière, et il le sera aussi longtemps que la civilisation chrétienne durera, c'est-à-dire même après que tel Etat aurait cessé d'être fils aîné de l'Eglise, que tel souverain ou tel autre auraient cessé d'être Sa Majesté catho-

---

1. Un traité concernant l'administration des Postes ne cesse pas d'être international parce que cette administration est subordonnée et qu'elle ne pourrait être partie contractante dans le traité international. Il faut se défier des règles absolues que notre esprit pourrait admettre sans examen.

lique ou Sa Majesté très fidèle. Il suffit que cet Etat, il suffit que les sujets de ces Majestés demeurent chrétiens, continuent d'appartenir à la civilisation chrétienne. Si vous ne mettez, à la place de la civilisation chrétienne, celle de l'Islam, celle de la Chine, ou toute autre que vous inventerez, le pape reste forcément le modérateur suprême de cette civilisation qui est la nôtre.

D'où cette conséquence que, s'il traite avec un Etat particulier, il le fait en qualité de modérateur de toute la civilisation chrétienne, c'est-à-dire avec un caractère international évident. — Rappelez-vous que nous apportons des raisons de droit, en laissant de côté toute argumentation théologique.

Ainsi, ce qu'un Etat, quel qu'il soit, voudra stipuler devra garder la conformité avec ce que la civilisation chrétienne a fait prévaloir dans les autres Etats. Le pape est le gardien de cette conformité, *qui n'est pas une unité absolue*. Il traite, en vertu de son caractère international éminent, *au nom des autres Etats de civilisation chrétienne qui ne sont point parties contractantes*.

Et la société d'une époque marche ainsi d'un même pas, sans les tiraillements, sans les aheurtements qui, d'autre façon, seraient inévitables.

Voulez-vous saisir cette vérité plus complètement? Rappelez-vous la pratique des conciles dans lesquels « les couronnes », suivant l'expression consacrée, étaient représentées par des ambassadeurs de chaque nation. Ce qui paraissait expédient à la couronne de France, pouvait ne pas être vu du même œil par les autres couronnes. Le concile devenait le *modérateur d'un droit commun* dont il adoptait la formule, et ce droit commun de toute la chrétienté, on ne l'eût pas laissé s'altérer au gré de l'une des puissances : l'unité de la civilisation chrétienne était à ce prix.

Les agissements des papes sont pareils en matière de concordats. Ils stipulent, nous le répétons, avec *un caractère international éminent*, au nom des peuples de civilisation chrétienne.

Voici un exemple saisissant de l'internationalité du droit ainsi formé :

Sous le règne de Charles IX, la couronne de France, selon l'usage, donna ses instructions à son ambassadeur au concile de Trente, en ces termes : « Mémoire baillé à Monsieur le cardinal de Lorraine, quand il est parti au concile : Requérir et insister à la reformation de l'Eglise universelle et sur tout à la Gallicane ; à ce que le service divin soit pur, toutes superstitions rescindées et reiectées. les ceremonies corrigées et toutes autres choses dont soubs espèce de piété le peuple peut estre trompé et faire mal son proffit : et les mœurs des personnes ecclésiastiques tellement corrigez qu'ils puissent servir, comme ils doivent, de toute exemplarité,... et, si mieux ne se peut, à tout le moins les prestres soyent faicts de tel aage qu'ils ayent moyen de satisfaire à leurs promesses et d'estre en partie hors de la suscipion... Sa majesté desire aussi que toutes et quantes fois qu'il se presentera quelque occasion de traicter quelque article qui soit pour amener à l'union de l'Eglise, tant de nobles royaumes et provinces qui en sont separez, et qu'il ne se demandast rien qui fut contre la parole de Dieu, que les ambassadeurs facent toute instance envers le concile, que l'on leur accorde ce qui se trouvera possible : comme du mariage des prestres, des biens de l'Eglise par eux pris, et autres telles choses... (*Cabinet historiq.*, t. XVI, p. 105).

Les instructions de la couronne de France vont donc jusqu'à la validation du mariage des prêtres, jusqu'à la sécularisation des biens ecclésiastiques envahis révolutionnairement, et la tranquille possession par les envahisseurs ; on devance ainsi 1789. Mais il y a une condition : toutes et quantes fois que l'occasion pourrait se présenter d'amener sur ces points *l'accord du concile et des couronnes.* Sinon, il ne sera point innové dans le droit international de chrétienté, que le même Charles IX maintiendra dans toute sa rigueur, ainsi qu'il suit :

Du 4 août 1564 : Déclaration de Charles IX sur la pacification des troubles, (Voy. Rebuffe, *Praxis beneficiorum,* liv. V. tit. 17 : « Art. 7. Voulons et ordonnons que les prêtres, moines, religieux profès, qui, durant les troubles ou depuis, auront laissé leur profession et se sont mariés, soient contraints, et ce par prison, de laisser leurs femmes et retourner en leurs couvents et première vacation, ou se retirer hors de notre royaume, dans tel temps qui sera arbitré par nos juges, que nous ne voulons néanmoins être plus long que deux mois : autrement punis extraordinairement de peines de galères perpétuelles ou autres, selon l'exigence des cas. Et les religieuses professes qui, semblablement, durant ou depuis les dits troubles, auront laissé leur profession et se seront mariées, seront aussi contraintes de laisser leurs maris et retourner en leurs monastères... ou vuider notre royaume dans le même temps que dessus, sur peine de prison entre quatre murailles. Donné à Roussillon le 4 août 1564. »

Aux époques où le concile n'est pas assemblé, c'est le

pape qui maintient la conformité avec le droit public ou avec le droit international de chrétienté. C'est lui qui, *ut talis*, eût refusé à Napoléon le mariage des prêtres et donnait une déclaration de validité pour l'aliénation des biens ecclésiastiques. « Nous n'avons pas conservé le mariage des prêtres, » dit Portalis [1].

Nous croyons avoir fait la preuve complète de la capacité du pape pour signer, sous le titre de concordats, de véritables *traités*, auxquels ne manque aucune des conditions exigées par le droit public international. Nous pouvons maintenant lire ensemble Bluntschli. (Voy. *Droit international codifié*, liv. VI, art. 443 et notes.) Il est d'avis contraire ; mais il néglige ou il n'a pas vu la situation véritablement internationale de modérateur de la conformité de la civilisation chrétienne qui appartient certainement au pape, aussi longtemps que la civilisation chrétienne subsiste, situation remettant entre ses mains, lorsqu'il vient à stipuler avec un Etat particulier, pour la conclusion d'un concordat, les intérêts des autres Etats de civilisation chrétienne qui ne sont point parties contractantes.

« Ne doivent pas être considérés comme traités, parce qu'ils ne sont pas conclus entre deux Etats, dit Bluntschli : Les traités conclus entre l'Etat et l'Eglise sur des matières politiques ou religieuses, et les concordats des différents Etats avec le Saint-Siège.

» Les concordats conclus entre les différents Etats et le Saint-Père, comme chef et représentant de l'Eglise catho-

---

1. Voy. notre traité du *Mariage civil du prêtre catholique en France*.

lique romaine, ne sont pas des traités proprement dits, parce que le pape ne les signe pas comme roi, mais comme chef de l'Eglise.

[Il n'est pas nécessaire qu'il signe comme roi s'il a, et si le droit public et international lui reconnait, attendu sa qualité de chef de l'Eglise, pour les raisons ci-dessus déduites, les prérogatives régaliennes.]

» Cependant on applique *par analogie*, aux concordats, les principes relatifs aux traités proprement dits, parce qu'ici deux personnes indépendantes [1]... « revêtues d'un *caractère public*, s'entendent sur des *questions de droit public.*

» Le droit international ne peut qu'imparfaitement protéger les concordats, parce que d'un côté l'Etat contractant peut faire usage de tous les moyens autorisés par le droit et peut même recourir à la violence; que, de l'autre, si l'Eglise ne possède pas ces moyens, elle peut faire usage de ceux que l'autorité religieuse lui accorde, et qui ne sont pas placés sous le contrôle du droit international. Les concordats forment donc une classe à part, et à laquelle les principes qui régissent les traités ordinaires ne doivent être appliqués qu'avec prudence [2]. »

« Les Concordats sont, continue, Blunstschli, en principe, obligatoires tant pour l'Etat que pour l'Eglise ; mais ce caractère n'est pas absolu, parce qu'il faut, plus encore que pour les traités internationaux, tenir compte des devoirs et du développement de l'Etat, comme aussi de la nature de l'Eglise. Les concordats ne sont, dans la

1. Et non pas dont l'une serait mi-souveraine.
2. Cette réserve « fort sage », est évidemment peu explicite au point de vue de la science.

règle, que des réglementations temporaires, faites d'un commun accord, des rapports entre l'Eglise et l'Etat, sur les frontières où ils se meuvent et entrent souvent en conflit. En principe, l'Etat est tout aussi bien autorisé à régler ces questions *seul*, et sans le secours de l'Eglise, que celle-ci à prendre des arrêtés religieux. Ce droit ne se perd pas par suite du Concordat [1]....

« Les défenseurs de l'Eglise, dit toujours Bluntschli, revendiquent pour elle le droit de renier, pour motifs religieux, tous les traités conclus par elle à des époques antérieures. Si l'on admet, en faveur du libre développement de la vie religieuse, le droit de dénoncer les concordats, parce que la conscience religieuse ne se laisse pas lier à perpétuité par certaines formes extérieures, on doit aussi accorder ce même droit à l'Etat pour motifs politiques, en vertu du devoir de celui-ci de veiller au bien du peuple. Si l'Etat doit accorder cette liberté à l'Eglise, l'Eglise, à son tour, ne peut la refuser à l'Etat, et il faut *compter sur la bonne foi* de tous deux. Il y a cependant certains points qui peuvent être fixés légalement et à titre perpétuel, parce qu'ils sont sans importance pour la religion, ou tout au moins ne sont pas prescrits par elle, et de l'autre côté n'offrent aucun danger pour l'existence et le développement de l'Etat. Il est cependant difficile, par suite des considérations qui viennent d'être énumérées, de ne pas envisager les concordats comme une simple réglementation provisoire... »

1. Nous avons montré non seulement que la phase pragmatique du droit civil ecclésiastique précède la phase concordataire, mais que l'Etat peut encore se faire le *Negotiorum gestor*, à ses risques et périls, dans des édits pragmatiques émanant de lui exclusivement.

La vie active ne pouvant être refusée à l'Etat, non plus qu'à l'Eglise, le développement historique étant une conséquence de la vie, nous en avons tiré cette conclusion que le concordat ne suffit pas sans la vie concordataire, (voir nos *Rapports du Sacerdoce avec l'autorité civile*) et que le concordat n'est pas immuable. Mais c'est à tort que l'on dirait qu'un concordat est un acte *provisoire*.

« Ils cessent, par conséquent, d'être obligatoires, dit Bluntschli en finissant, mais à tort, selon nous, *dès qu'une des parties contractantes refuse de les respecter plus longtemps.* »

Vous comprendrez, Messieurs, toutes nos réserves relativement à cette conclusion. Peut-être, vous voudrez bien relire ici nos *Rapports du Sacerdoce* etc., t. II, 4° part., p. 286, n° 340.

NOTE SUR LA JURIDICTION ECCLÉSIASTIQUE EN MATIÈRE CIVILE.

Le Concordat de 1801 supprime tout droit civil ecclésiastique *né de la Révolution*; il le tient pour non avenu, dans son ensemble et dans ses détails. Il se place fictivement, et rétroactivement, à une date antérieure, pour *souder* le présent au passé. Dans la chaîne des temps, il ne manque pas un anneau : ceux qui furent forgés en un vil métal sont brisés; les morceaux sont par terre, et nul n'en a cure.

Toutefois, ce passé auquel on se rattache, c'est *le dernier état du droit*. Ce dernier état du droit subit par le fait du concordat, des modifications; mais c'est sur lui qu'on opère, et non sur celui qui l'a précédé et *qui eut, jadis, sa légitimité*. C'est ce que nous mettrons dans tout son jour, en parlant de la juridiction ecclésiastique en matière civile :

La constitution de Constantin de l'an 318 interdit aux juges séculiers la connaissance des procès que *le consentement des parties* aurait soumis à la décision des évêques, et ordonna d'assurer l'exécution des sentences arbitrales des évêques par l'emploi de la force publique.

Une autre constitution attribuée au même empereur, mais non datée, est rapportée à l'an 331 par les auteurs qui la jugent authentique. Cujas, puis Sirmond en ont donné le texte. Pardessus incline, évidemment, à la réputer authentique. (Voy. *Ordon. des rois de France*, t. XXI, p. clxxvi.) Elle dit que la volonté de l'une des parties suffit pour déférer le litige à l'évêque. Cette disposition du droit paraît exorbitante, toutefois, et, peut-être, inharmonique avec l'ensemble du droit de la même époque. (Voy. nos *Rapports du sacerdoce*, tom. I, p. 308; p. 316 et notes.)

Quoi qu'il en soit, on est d'accord pour reconnaître qu'en France la Constitution de 560 avait, sinon prévenu, du moins sanctionné le vœu des peuples *en plaçant les évêques au sommet de l'ordre judiciaire*, et en les instituant comme une sorte de tribunal de révision et de cassation, lorsque des plaintes étaient portées au roi contre les juges locaux. (Voy. Baluze, t. I, p. 7 ; *Recueil des historiens*, t. IV, p. 115.)

« Art. 7. *Si judex aliquem contra legem injuste damnaverit, in nostri absentia ab episcopis castigetur ; ut quod perpere judicavit, versatim melius discussione habita, emendare procuret.* »

Ce droit régalien, qui permet de suppléer le roi absent, *in nostri absentia*, est considérable.

Les évêques furent juges civils, avec l'assentiment de l'autorité civile.

Il y eut un temps où, dit Pardessus, *opere cit.*, p. CLXXXVI, « de l'aveu de Montesquieu (*Espr. des lois,* liv. XXVIII, ch. 41), la juridiction ecclésiastique pouvait seule aider les rois à faire cesser, par l'influence des lumières et de l'équité, le règne de l'ignorance et de la force. » Plus tard, « les progrès sans cesse croissants de l'autorité royale, ceux de la civilisation, avaient permis d'organiser les tribunaux séculiers suivant *les formes protectrices que le droit canonique avait établies,* et d'y placer des magistrats éclairés. Ces magistrats, sortis en partie du clergé, *qui devaient aux juridictions ecclésiastiques* tout ce qu'il y avait de bon dans leur procédure, d'équitable dans leur jurisprudence, ne les considéraient plus que comme des rivales incommodes et en appelaient l'abolition, comme d'institutions inutiles et abusives. »

L'édifice d'un nouvel ordre judiciaire était construit ; on se croyait en droit de rebuter et de briser la charpente qui avait servi à l'élever...

Fallait-il que le clergé, prévoyant ce qui serait plus tard réclamé par l'autorité séculière, déclinât la noble mission que lui donnait la confiance des peuples, refusât, à l'époque antérieure, de remplacer la violence par l'équité et laissât les intérêts des citoyens livrés aux caprices d'usages barbares et d'un arbitraire sans limites possibles ? « Lorsqu'il s'agit de juger une institution, *c'est d'après le bien ou le mal qu'elle a fait à l'époque où elle s'est produite qu'il faut l'apprécier.* »

L'Eglise, d'ailleurs, ne fut pas dessaisie de toute juridiction, quand la juridiction civile et laïque prévalut pour les affaires civiles et laïques.

Jusqu'aux temps les plus rapprochés de nous, la juridiction ecclésiastique connaissait de la validité des mariages
et de la légitimité des enfants, qui en était une conséquence indivisible. C'était par le ministère de l'Eglise que
le mariage était célébré ; il ne pouvait l'être valablement
sans l'observation des règles prescrites par les saints
canons, auxquels la loi civile avait donné la sanction de
son autorité. Et, sans qu'il soit possible d'assurer précisément quand et à quelle date le clergé commença à tenir
des registres sur lesquels étaient mentionnées les célébra-
tions du mariage, on peut croire que cet usage était fort
ancien. Il est prouvé d'ailleurs qu'aux premiers moments
où les législateurs ont reconnu la nécessité de poser
quelques règles sur l'état civil des citoyens, le clergé était
depuis longtemps en possession d'en tenir les registres ;
qu'il y fut maintenu, et que même il a conservé jusqu'à
nos jours ses registres paroissiaux.

C'est par le décret du 20-25 sept. 1792, qu'il a été
statué, art. 1er : « Les municipalités recevront et conser-
veront à l'avenir les actes destinés à constater les nais-
sances, mariages et décès. » (Cf. Cod. civ. liv. I, tit. 2.)

La juridiction ecclésiastique, même civile, fut un bienfait. Sa suppression put devenir une nécessité historique.
Dans le droit le plus ancien, il a été avantageux qu'elle
fût rattachée à l'établissement ecclésiastique : l'avantage
qu'en retirait la nation fit sa légitimité.

TROISIÈME LEÇON

Monsieur le Doyen,

Messieurs,

Le concordat de 1801 est, quant au fond, et dans ce qui constitue sa nature une transaction entre deux droits. Il est aussi une transaction entre deux pouvoirs et un véritable traité, avons-nous dit.

C'est pourquoi, il y a quelques jours [1] lorsque la *Commission du budget* avait décidé, à la majorité des votes de ses membres présents, de ne pas procéder à l'examen du budget des cultes et de s'abstenir sur ce point, le

[1]. Mai 1886.

Ministre, M. Goblet s'est rendu au sein de la Commission pour demander que le vote fût rapporté. M. Goblet ne refuse pas de traiter la question de séparation de l'Eglise et de l'Etat. Mais, en fait, il constate *qu'un traité existe et qu'il y a engagement pris*, en sorte que la Commission avait excédé ses attributions.

Cette qualification de traité véritable a été contestée, néanmoins, il faut le dire, par des écrivains catholiques et des canonistes. Voy. nos *Rapports du Sacerdoce*, t. II, p. 286, n° 340.) Les concordats sont-ils des contrats synallagmatiques intervenus entre le Saint-Siège et les gouvernements, ou de *pures concessions* du Saint-Siège n'ayant que la *forme* des contrats? Telle a été la question posée par les néo-canonistes, jaloux de soutenir les prérogatives du Chef de l'Eglise. Le Saint Père accorderait un privilège (*lex privata*), établirait une loi particulière, lorsqu'il consent un Concordat. Il restreindrait librement son autorité, et il pourrait ensuite la reprendre, aussi librement.

M. Touzaud, professeur de droit administratif à la faculté libre de Toulouse, parlant du Concordat, s'exprime ainsi (Voy. *Congrès des jurisconsultes catholiques*, 1881, Grenoble) : « C'est un contrat synallagmatique... A vrai dire, il faut noter que le caractère synallagmatique fait l'objet d'une controverse *en droit canonique*... On conçoit que l'Eglise n'a pas de concessions à faire obligatoirement, tandis que l'Etat doit rechercher *par des faveurs expresses*, l'accord avec la religion, qu'il a l'obligation de soutenir et de protéger. De plus, l'Eglise, assistée de Dieu, ne peut admettre que la direction qui est donnée à ses affaires dans les rapports avec l'Etat, puisse légitimement provoquer une rupture du contrat, tandis que des éventualités qui pourraient l'amener à dénoncer le traité sont dans la nature des choses purement humaines. A tous ces titres, on conçoit que le terme de synallagmatique puisse paraître trop absolu, s'il n'est expliqué et limité dans sa portée. Mais il demeure *certain* que, *au point de vue du droit civil*, il y a un contrat et des obligations réciproques. »

Vous vous rappellerez, Messieurs, que nous avons envisagé, dans le Concordat particulier qui devient la loi civile-religieuse d'une nation, *la chrétienté tout entière contractant avec cette nation*, par l'intermédiaire de celui qui a qualité pour être le modérateur de la *conformité dans la vie civile-religieuse*, d'où résulte l'unité dans la marche de la civilisation. Notre système ne nous paraît pas ébranlé, et nous n'avons pas besoin d'admettre que le contrat est certain au point de vue civil, mais incertain au point de vue canonique.

Nous n'éprouvons également aucun besoin de savoir s'il est indigne de l'Eglise qu'elle soit tenue obligatoirement à des concessions, et si l'Etat, d'autre part, a le devoir de rechercher l'accord sous forme de faveurs expresses sollicitées par lui.

Mais veuillez remarquer que l'argumentation est spécieuse en ceci, que l'Eglise assistée de Dieu ne peut admettre, dit-on, le juste motif de l'Etat pour dénoncer une rupture du traité, et que cette même Eglise, assistée de Dieu, pourrait rencontrer dans les contingences humaines un juste motif de revenir sur des stipulations qui, dès lors, pour cette double considération, n'auront eu que des apparences contractuelles.

Nous ne demeurons pas d'accord sur tous ces détails ; nous ne demeurons pas d'accord sur toutes ces conclusions.

Mais, sous réserves, il nous conviendra de nous arrêter à l'argumentation dont il s'agit. Vous allez comprendre pourquoi :

Cette argumentation nous laisserait fort perplexe sur la nature du contrat, sur son existence, pour mieux dire, et sur l'existence du traité. Mais, à l'aide de la simple remarque empruntée au droit civil, (auquel nous voulons vous habituer à recourir, et c'est notre motif d'insister :) Que la convention ne doit pas être appréciée au temps de sa rupture possible, qu'elle doit être appréciée seulement au jour où elle est formée, — nous reconnaîtrons qu'autre chose est le contrat, autre chose est la sanction du contrat.

Dans les traités entre souverains indépendants, la sanction juridique n'apparaît pas clairement. La guerre n'est pas une sanction juridique. La sanction est toute morale ; elle est dans la conscience humaine, dans le jugement de la postérité, dans l'histoire. Le traité existe par lui-même, en dehors de l'idée de sanction. — Faites l'application, Messieurs.

La sanction du Concordat peut disparaître à une époque ultérieure, mais 1° Elle était toute morale, comme dans les traités de puissance à puissance, et 2° la convention, qu'il faudra apprécier sans égard à la sanction doit être considérée au jour même où elle a été conclue. Ainsi le veut la jurisprudence.

En outre, la doctrine catholique déclare l'Eglise assistée à la condition d'agir *conciliariter*, dans ses conciles universels, et *humano modo* toutes les autres circonstances, c'est-à-dire à la *manière humaine*, avec la sagesse humaine, selon les formes humaines. Donc, elle peut contracter véritablement. Et c'est pourquoi, nous avons fait nos réserves, tant sur les détails que sur les conclusions.

Le point de départ de la récente controverse, en France, — car cette controverse ne remonte qu'à un petit nombre d'années, — avait été la publication d'un opuscule de M. de Bonald, en 1871, sous ce titre : *Deux questions sur le Concordat de* 1801. Les deux questions étaient celles-ci : 1° Le gouvernement de la Défense nationale a-t-il succédé au privilège concordataire de la nomination des évêques pour les sièges vacants; 2° Dans l'hypothèse qu'il ait succédé, le Saint-Siège n'a-t-il pas le droit de retirer ce privilège, vu l'abus qu'en ont fait les gouvernements français depuis soixante-dix ans ?

L'épiscopat français, depuis le rétablissement du culte au commencement du siècle, paraissait d'ailleurs incriminé par la seconde question ; mais, nul n'y fit attention.

« L'acte de 1801, disait M. de Bonald, ne peut être assimilé à un contrat, parce qu'il y a impossibilité radicale à ce qu'un contrat intervienne entre deux personnes, savoir la puissance temporelle et la puissance spirituelle, agissant comme telles, dont l'une est *pouvoir* et l'autre est *sujet*, dont l'une commande à l'autre, *comme l'âme commande au corps ;* et parce qu'il y a encore impossibilité à ce que ce même contrat intervienne touchant la juridiction, c'est-à-dire sur une matière qui ne peut faire l'objet d'une obligation [1]. »

1. Le pape agit à titre de pouvoir, dont tous sont sujets, et signe un contrat, un traité, mais il n'agit pas exclusivement à ce titre, avons-nous dit. Reste à savoir s'il dépasse, ayant qualité pour agir, les limites qui lui sont tracées : il sera peu respectueux de le supposer.

Nous avons recours, de nouveau, au droit civil, qui a su fixer

Si l'Eglise cesse d'agir nécessairement *humano modo*, en suivant les procédés ordinaires des sociétés humaines si elle est l'*âme* dans le corps, elle devra non seulement commander, mais exécuter : les membres ne sont que des instruments d'exécution dans le composé humain.

Rome envoya un bref laudatif à M. de Bonald[1].

Dans le n° du 15 janvier 1872 de la *Revue catholique* de Louvain, M. le professeur Labis, appartenant à l'université catholique, publia un article intitulé : *Des concordats*. Il soutenait, contre M. de Bonald, que le concordat est un traité public, *sui generis*, qui tient du privilège par son *objet*, attendu que généralement il ne contient guère que des concessions faites par le chef de l'Eglise, et du contrat bi-latéral par la *forme* qu'il affecte et les *engagements* que prennent les deux parties contractantes[2].

avec la plus grande précision, la différence existant entre l'administrateur et l'aliénateur. Le Souverain Pontife peut-il aliéner la juridiction? Non, sans doute. Mais, il est administrateur. Or, l'administration de la juridiction peut-elle faire l'objet d'une obligation du droit public ? Nous n'y voyons pas d'obstacle.

Le défaut de sanction sera le même qui existe pour les traités internationaux. Et si, en général, l'administrateur peut être soumis au besoin d'autorisation, savoir, dans notre droit privé l'autorisation du conseil de famille ou du tribunal, et dans notre droit administratif l'autorisation du préfet ou de l'Etat en matière de tutelle administrative, rien de semblable n'existe pour le Pape : il n'aura pas même à recourir et, en fait, il ne recourt pas à l'autorisation du Concile général. Il a, en lui-même, l'*auctoritas* la plus complète, jointe au pouvoir d'administrateur.

1. Le bref laudatif est un acte de correspondance courtoise, qui tient le plus grand compte des intentions et de la situation personnelle. Il n'est pas une confirmation doctrinale.

2. La concession ne change pas de nature, mais la forme de la concession et l'engagement suffisant au contrat, par suite au traité.

Il y a là une distinction très fondée : Ce qui, en soi, et en droit canon, serait l'objet d'une concession, devient la matière de l'engagement bi-latéral qui prend place, à titre de traité, dans le droit public. Peut-être, les paroles de M. Touzaud, que nous avons citées, doivent être ramenées à ce sens.

Le savant de Angelis, professeur de droit canon à l'Université Pontificale romaine de la Sapience et au Séminaire romain, approuva, dans une lettre rendue publique, l'opinion soutenue par M. le professeur Labis.

Le non moins savant Tarquini, alors professeur de droit canon au Collège Romain, et plus tard cardinal, se prononça fortement en sens contraire. Selon lui, la *forme* contractuelle n'empêche nullement que le concordat soit un indult pur et simple ; cette forme est accidentelle, non substantielle. Pierre n'a pas été chargé de négocier, ni de contracter, mais uniquement de paître, régir et gouverner.

Pie IX, abrogeant ce que l'on appelait la Légation apostolique de Sicile, en vertu de sa seule autorité, par la Constitution *Suprema*, du 5 des calendes de février 1864 (Cf. notre *Traité du mariage*, p. 90), a fait une application signalée de cette doctrine qui assimile le concordat à l'indult, à un simple octroi de privilège, qu'aucun laps de temps ne protège contre la révocation.

« Encore bien, dit la constitution *Suprema*, qu'il puisse s'agir de concessions motivées anciennement par des causes légitimes, elles devraient être abolies lorsque, à la suite du changement des temps et des choses, l'expérience a démontré que de très grands dommages pouvaient être occasionnés, que la voie serait ouverte à toute sorte de corruptions et d'abus contraires au salut des âmes, et nul, même revêtu de dignité royale, sous prétexte qu'il a intérêt et qualité, qu'il n'a point consenti l'abrogation, qu'il n'a point été appelé, cité, ni entendu, ne pourra faire opposition. »

Nous l'avons dit, il n'y a pas eu aliénation, mais le pouvoir d'administrateur a été lié par le contrat. Il faudra, pour *exproprier*, recourir à la plénitude du magistère conférée au successeur de Pierre. Le contrat, le traité auront cependant existé.

On objecte qu'un souverain infidèle, non sujet du pape, ni enfant de l'Eglise, ne pourrait signer un concordat, si le conco dat est un indult. Il est répondu qu'une fiction juridique met la personne fictive du prince à la place de sa personne réelle, et que le prince non catholique devient *sujet* fictif du chef de l'Eglise pour concourir à la conclusion d'un concordat, parce qu'il représente le peuple ou la partie du peuple pour lequel le concordat est signé. C'est ainsi que le roi des Pays-Bas a pu négocier et signer un concordat.

Nous vous donnons l'objection et la réponse dans le système du concordat ramené à un simple indult.

Le P. Liberatore, jésuite, dans son ouvrage ayant pour titre : *L'Eglise et l'Etat dans leurs rapports mutuels*, trad. de l'italien, Paris 1877, p. 459, est d'avis que, relativement aux choses purement temporelles qui se rencontrent dans la convention « le concordat peut être, dans le véritable sens, un contrat : rien ne s'y oppose ; » — que, pour les choses purement spirituelles, « les concordats revêtent la nature de pure concession ou faveur accordée à un prince, sur des raisons spéciales ; » — que, pour les matières mixtes, elles ne peuvent former l'ob-

jet d'un contrat, attendu le côté spirituel qu'elles renferment; mais, quant à ces matières, « les concordats ont
le caractère de *loi particulière* par laquelle le pape règle
la manière d'appliquer ou de tempérer le droit commun
disciplinaire par rapport à un pays donné, condescen-
dant en cela à la requête du prince, qui s'engage par
une promesse spéciale à en procurer l'exécution. »

Le P. Liberatore veut que l'on regarde le concordat,
non comme une convention conclue entre deux souverains de peuples séparés, mais entre *deux autorités su-
prêmes qui gouvernent le même peuple dans un ordre
distinct.*

Ce serait, il nous semble, faire uniquement du pape le
représentant exclusif du clergé de la nation ; ce serait
méconnaître son caractère international *reconnu par le
droit public* et fondé sur les faits : le pape, traitant avec
la France, traite comme chef de la chrétienté et *pour
maintenir des conformités de droit* dont nous avons
parlé dans la Leçon précédente.

Quant à l'idée des *deux souverains,* elle était précisément celle que combattait, dans le Reichsrath Viennois,
le baron von Weichs, à l'époque des débats orageux sur
le concordat autrichien qui en ont amené la rupture. (Il
a subsisté de 1865 à 1870.)

« Nous avons à décider aujourd'hui, disait le baron,
si nous formerons un Etat indépendant ou si, comme au
Japon, nous aurons deux souverains, l'un subordonné sié-
geant à Vienne, l'autre omnipotent trônant à Rome, au
Vatican. »

Tant il est vrai que toute inexactitude du langage peut
fournir un texte aux récriminations des partis !

Deux articles, déjà anciens, ont été publiés par M. de Laveleye dans la *Revue des Deux-Mondes* (15 avril, 1er juin 1869), qui nous aideront à compléter l'élucidation du sujet dont nous vous entretenons.

M. de Laveleye cite Lanjuinais parlant en ces termes contre le concordat de 1817, dans la discussion soulevée à la chambre des députés : « Ces sortes d'actes ne sont jamais que des règles imparfaites, provisoires et révocables. » Ces paroles paraissent avoir été copiées par Bluntschli dans le passage que nous avons signalé à la fin de la précédente Leçon.

A son tour, M. de Laveleye pourrait avoir copié Bluntschli, en le commentant, dans ce qui suit: « Un concordat est-il un traité international, comme un traité de commerce ? Evidemment non, car ce n'est pas avec le Pape, en tant que monarque des Etats-romains, c'est avec le Saint-Père, chef de l'Eglise, que le traité a été conclu. Or, comment l'Etat peut-il abdiquer une partie de ses droits souverains, en faveur du chef d'un culte, d'une religion ? Une religion n'est qu'une opinion, une croyance partagée par un certain nombre de fidèles... Les catholiques peuvent se soustraire à l'obéissance du Pape[1]. L'Etat n'en resterait-il pas moins lié envers le

---

1. Une religion n'est qu'une opinion, quand elle n'est pas une Eglise. L'Eglise est un fait qu'on ne peut oublier, ni passer sous silence. Et quant à l'hypothèse d'une soustraction ultérieure d'obéissance au Saint-Siège, elle n'empêcherait pas le Concordat d'avoir été un traité véritable, au jour de la signature. La France signe un traité avec la Hollande, et cinquante ans après, des affaissements amènent l'envahissement du sol par les eaux de la mer, ce qui oblige *tous* les Hollandais à émigrer. Est-ce que l'événement survenu empêche la convention d'avoir été un traité véritable ?

Saint-Père qui ne représenterait plus que ses croyances ?... Ces traités singuliers, dont les partisans eux-mêmes ne peuvent déterminer la nature, n'étaient à leur place qu'au moyen-âge; ils sont en opposition avec toutes les idées et toutes les institutions modernes. »

On répond, avec raison, que l'Eglise n'est ni une simple opinion comme, par exemple, celle des Lettrés en Chine, lesquels n'ont jamais eu la pensée de former une Eglise; ni une simple conviction interne, comme pourra l'être celle des philosophes : ni une école religieuse, comme celle des Jansénistes ; ni une association particulière d'œuvres charitables, s'inspirant de pensées élevées, telle que serait peut-être la franc-maçonnerie.

L'Eglise est une société publique et parfaite, visible et constituée en forme de royaume véritable, *encore qu'il soit spirituel dans son ordre*, ainsi que le dit le P. Liberatore.

Jésus parcourait les villes et villages, dit S. Mathieu, (IX, 35), prêchant l'*évangile du royaume*. L'Eglise a été annoncée comme telle, affermie, développée et perpétuée comme telle.

Tout catholique doit l'admettre, et le droit public l'a admis ainsi. Le fondateur ne l'a pas unie indissolublement comme Mahomet, au pouvoir civil, qui reste distinct.

Il faut donc considérer l'Eglise dans sa véritable idée, telle qu'elle existe et a toujours existé : les sociétés chrétiennes sont établies sur cette base, qui n'est ni l'Islam, ni la doctrine des Lettrés. Il est ainsi impossible de réduire l'Eglise à l'état de simple opinion, alors qu'elle est tout autre chose, et sera tout autre chose, aussi longtemps qu'elle subsistera. Nous ne parlons ici qu'au seul **point de vue juridique.**

Dans nos idées actuelles, poursuit M. de Laveleye, l'E-
tat ne peut accorder ni au représentant d'une idée religieuse ni au souverain d'un pays étranger, le droit de
nommer des fonctionnaires publics, de régler les actes
civils des citoyens. Que le roi de France accorde, par traité
au roi d'Espagne le droit de nommer tous les officiers
de l'armée ; le peuple français reconnaîtrait-il la validité
de ce traité?

La réponse découle de ce qui vient d'être dit. La puissance du roi d'Espagne étant de même ordre et s'exer-
çant pour des faits de même ordre, est inadmissible.
Mais l'Eglise est instituée en forme de *royaume d'un
ordre différent*, dans lequel tout homme appartient, de
droit, au troupeau de J.-C., dit le Dr Philips, (*Dr. eccl.*, t. I,
p. 159.) [1]

[1]. C'est à tort que l'on a cité quelquefois nos anciennes Assemblées du clergé comme une transformation des conciles nationaux
qui aurait pu suffire aux besoins religieux de la France, sans « l'invention » des concordats.

Dareste de la Chavanne (*Histoire de l'administration en France*,
1848, t. I, p. 145) donne une juste idée de la nature de ces assemblées :

« La constitution des assemblées du clergé, dit-il, fut réglée par
plusieurs statuts, et surtout par ceux de 1625, de 1636 et de 1715.
Elles se composaient de députés du premier et du second ordre
de l'Eglise, envoyés par chaque diocèse de France. L'élection se
faisait à deux degrés: on nommait dans les réunions diocésaines
des députés pour les réunions provinciales et celles-ci désignaient
à leur tour les députés qui devaient se rendre aux assemblées gé-
nérales. La réunion provinciale rédigeait un cahier ; elle impo-
sait à ses députés un mandat impératif: ceux-ci votaient par province et non par tête. Le roi nommait deux commissaires près de
l'assemblée générale, et cette assemblée ne pouvait être convo-
quée que par lui. »

Il conclut en disant que ces assemblées étaient devenues *« comme
un instrument de l'administration monarchique. »*

QUATRIÈME LEÇON

Messieurs,

§ 1.

L'explication du concordat de 1801 doit être jointe à elle du concordat de 1516 [1]. Car, notre concordat de 1801

---

1. Ce concordat est appelé souvent : le *Concordat de François Iᵉʳ* ou bien encore, c'est le *Concordat de Bologne*, parce que les bases en furent arrêtées dans cette ville entre le Pape et le roi ; le *concordat de 1515*, cette année étant la date de l'accord intervenu à Bologne ; le con-

est la reprise ou la continuation de la période concordataire, laquelle avait succédé à la période pragmatique dans l'Eglise de France et au système qualifié *métropolitain* par l'évêque constitutionnel Grégoire.

Les concordats sont des traités. Les pragmatiques sont des édits. Cette remarque semblerait indiquer, bien à tort toutefois, une question de pure forme. Mais ici, la forme implique une différence considérable qui atteint le fond.

Les édits, ainsi qu'on le voit spécialement dans la pragmatique attribuée à saint Louis, eurent pour but de consacrer les anciennes coutumes. Et, dans ces anciennes coutumes, l'Eglise des Gaules paraît s'être inspirée, en notable partie, de l'esprit de l'Eglise d'Afrique, que S. Cyprien, et plus encore S. Augustin rendirent si illustre.

On a pu dire que ce sont les édits qui ont formé, en un certain sens, l'Eglise Gallicane : ils ont donné la cohésion à son particularisme mitigé.

La période concordataire innova surtout concernant l'abolition des élections par les chapitres; la nomination des évêques par le roi, la réserve de l'institution canonique devant être faite par le siège de Rome, le maintien formel des appels au Pape ou, en termes plus généraux, la direction efficace des affaires ecclésiastiques par le chef de l'Eglise.

La meilleure preuve que la question agitée était bien plus importante qu'une question de forme, c'est l'oppo-

---

cordat de 1516, parce que le document lui-même porte la mention : Donné à Rome le 15 des calendes de septembre 1516, de même que l'approbation par le concile de Latran est datée du 14 des calendes de janvier 1516 ; le *concordat de* 1517, en raison de l'enregistrement par le parlement, ordonné à cette date.

sition très vive et très persistante qui fut faite au Concordat de 1516. D'Aguesseau n'hésitait pas à dire, au dix-huitième siècle : La Pragmatique est plus *respectable* et plus respectée que le concordat. Duhamel, le controversiste, écrivait : Le concordat est le tombeau dans lequel sont ensevelis les droits de l'Eglise. En plein parlement, en 1765, Gilbert de Voisins soutient que le concordat n'a jamais été que *toléré*.

Le concordat de 1516 eut, cependant, ses approbateurs et ses défenseurs qui, peut-être, n'ont pas beaucoup mieux saisi que leurs adversaires la signification éminente de ce qui s'accomplissait. Le cardinal chancelier Duprat apportait au parlement cet argument *politique*, dont il saisirait la portée, savoir : que le concordat avait déjoué les projets de ligue entre l'empereur, les rois d'Angleterre et d'Espagne, et les Suisses, résolus à se prévaloir contre la France des dispositions supposées hostiles du pape. Le royaume eut été envahi par la Bourgogne et par l'Aquitaine, par la Picardie et par la Provence. Un démembrement pouvait suivre. (Voy. François Pinsson, *Caroli VII Pragmatica sanctio cum glossis Guymier*, 1666, Paris, avec additions, p. 730, 2ᵉ col.)

Hélias de Bourdeilles, archevêque de Tours, qui fut depuis cardinal, publia, en 1520, le *Defensorium*, ouvrage doctrinal en faveur du concordat, reproduit par Pinsson (ibid., p. 688). La raison politique disparaissait.

Le parlement, soutenu par l'université do Paris, refusa d'enregistrer le concordat de 1516, par le motif qu'il était attentatoire au droit public du royaume et au droit ecclésiastique. L'avocat général Lelièvre fit opposition à l'enregistrement. (Pinsson, p. 731.) Il disait: Le concordat, de quelque nom qu'on veuille le décorer, ne sera jamais qu'un acte violent où deux puissances se sont mutuellement donné ce qui ne leur appartenait pas, le pape cédant au roi le spirituel, et le roi lui accordant le temporel, le Pape usurpant les droits de l'Eglise et le roi ceux de la nation. Douze séances passées en délibérations n'amenèrent pas le parlement à céder. Il ne céda qu'en présence de lettres de jussion données par le roi, et inséra dans ses registres que l'enregistrement était fait « sur l'ordre réitéré et exprès du roi. » Une opinion publique contraire au concordat s'était formée. Des prières avaient été ordonnées et des processions publiques, comme dans les jours de grandes calamités. Tous les troubles, disait-on, de l'Eglise et de l'Etat, antérieurs aux conciles de Constance et de Bâle, menaçaient de revivre.

Hutteau, dans un ouvrage publié en 1818 sous le titre : *Des conciles de* 1516 *et de* 1817, a même affirmé que les lettres de jussion ne furent pas suivies d'effet, et qu'une vérification des registres du parlement n'a pu faire retrouver aucune trace de l'enregistrement du concordat. Pinsson, cependant, dit positivement le contraire, sous la date du 18 mars 1517, (même ouvr., p. 734, 2ᵉ col.), et il ajoute que la Cour protesta faire la publication sans aucune approbation, et sous réserve de *conformer ses décisions à la Pragmatique.*

Ce qui est certain, c'est que le Parlement n'eut ensuite aucun égard au concordat de 1516, dans les causes portées devant lui. En 1519, le chapitre cathédral d'Albi nomma un évêque, en conformité avec la Pragmatique, et le roi en nomma un autre, suivant son droit consigné dans le Concordat: le parlement confirma l'élu du chapitre. En 1521, mêmes agissements de part et d'autre pour l'évêché de Condom. Toutes les causes furent ainsi jugées, ce qui porta le roi à donner la Déclaration du 6 sept. 1529, attribuant au Grand Conseil la connaissance exclusive de tous procès relatifs aux évêchés, abbayes et autres bénéfices dont la nomination est réservée au roi par le pape Léon X. C'était dépouiller le parlement d'une partie de ses attributions antérieures.

On s'habitua à rattacher au nom de la Pragmatique un *modus vivendi* du passé, qui n'était nulle part nettement défini, et dont on prétendit faire l'objet des regrets perpétuels de l'Eglise de France. Pendant deux siècles, le clergé, le parlement, les états-généraux ont fait entendre des réclamations, sans se lasser de l'inutilité de leurs plaintes. La conclusion de Pinsson est celle-ci (p. 728, col. 2) : La Pragmatique avait été approuvée par trois de nos rois, et il ne fut pas possible aux souverains Pontifes et à nos rois eux-mêmes d'en faire perdre le souvenir dans les pays soumis à la couronne, ou même d'empêcher les parlements et les tribunaux de s'y conformer dans leurs jugements.

Si vous ignorez tout cela, la Constitution civile du clergé demeurera un fait incompréhensible pour vous. Vous né saurez pas pourquoi le concordat de 1817, qui avait la prétention avouée de revenir au Concordat de François Ier souleva des colères. Vous croirez que le Concordat de 1801, imposé par l'autorité despotique d'un Bonaparte, ne pouvait rencontrer que les contradictions impuissantes de quelques théophilanthropes et les colères non moins impuissantes de la démagogie révolutionnaire, en ce moment réduite aux abois.

Or, Messieurs, à l'insu du premier Consul, il s'agissait d'une cause plus grande : La France resterait-elle concordataire, c'est-à-dire marchant avec la papauté vers un nouvel avenir ? En 1801 la France avait beaucoup détruit dans les faits du passé et beaucoup renversé dans l'ordre des idées, en tant que liées à ces faits. Mais elle ne pouvait oublier que la papauté avait guidé l'Europe à travers le moyen âge, et qu'ensuite, précisément à l'aurore du monde moderne, quand déjà la Réforme protestante commençait, elle, la France, la fille aînée de l'Eglise, avait débuté dans la vie concordataire.

C'est ainsi qu'elle avait traversé le monde moderne, après certaines modifications du *modus vivendi*, qui ne l'avaient éloignée de la Pragmatique qu'en l'éloignant plus sûrement de la Réforme, et lui assurant la libre marche dans la voie de ses destinées !

La France a été grande et forte. Elle a développé les arts, les sciences, la littérature, la richesse, dans une calme et heureuse harmonie de sa puissance. Mais lorsque, on l'assure, le monde moderne est achevé et appelle de ses vœux le monde nouveau, c'est-à-dire lorsque tout fait pressentir une autre période de l'humanité, lorsqu'elle s'apprête, cette France toujours empressée d'arriver première, et le monde avec elle, pour prendre un essor encore environné de beaucoup d'inconnu jusqu'ici, continuera-t-elle de donner à la papauté sa confiance concordataire, témoignage d'union ou d'alliance ? Gardera-t-elle son idéal, c'est-à-dire l'idée sublime de réaliser la plus grande somme de progrès humain, en s'assurant le moyen de rencontrer *la plus petite somme d'erreurs morales* ? Bonaparte a mis la main de la

France dans celle du pontife, et telle a été la réponse.

La Pragmatique Sanction de Bourges, ou de Charles VII, n'eût pas existé sans les conciles de Constance et de Bâle, qu'elle résume [1]. Mais les doctrines et les coutumes visées par la Pragmatique existaient sans être ainsi formulées dans un document précis.

Les conciles de Constance et de Bâle n'eussent pas existé sans le grand schisme d'Occident.

Le schisme mettait en péril l'Eglise, que chacun voulait sauver. La France, ou pour être plus exact, le parlement et l'université de Paris voulurent sauver l'Eglise universelle *en la rendant gallicane*, et ne prévoyant pas que la papauté se sauverait toute seule.

La Pragmatique fut condamnée par une bulle de Léon X, approuvée dans la onzième session du concile de Latran, en décembre 1516. Outre la peine d'excommunication pour les laïques qui garderaient la Pragmatique et ne la détruiraient pas, les peines de lèse-majesté furent applicables ; la note d'infamie les atteignit ; ils furent déchus *de la eapacité de former un contrat.* Cependant, les art. 6, 7, 8, 9, 10, du concordat reproduisirent la Pragmatique, dont tout le contenu n'était pas jugé répréhensible, vous le voyez. (Lire le texte entier du Concordat de 1516 dans le tom. XIV des conciles de Labbe et Cossart, Paris 1672, p. 358.)

Les regrets inspirés par l'époque Pragmatique ont fait la force du gallicanisme pendant la période concordataire qui s'étend de 1516 à la Révolution. Ils ont créé le schisme constitutionnel, qui toutefois n'a pu se perpétuer.

1. Voir plus loin, Leçons 18 et suiv.